DETLEF TRÄBERT

Das 1 x 1 des Schulerfolgs

Detlef Träbert, Diplom Pädagoge, war Bundesvorsitzender der
»Aktion Humane Schule«. Über den Schulberatungsservice
»Schubs« bietet er Elternberatung und Elternschulung durch
Vorträge und Workshops sowie Fortbildung für Lehrer und The-
rapeuten an. Bei Beltz veröffentlichte er die Bücher »Disziplin,
Respekt und gute Noten« und »Wenn es mit dem Lernen nicht
klappt«.

DETLEF TRÄBERT

DAS 1 X 1
DES SCHULERFOLGS

Alles,
was Eltern wissen müssen

Dieses Buch ist auch als E-Book erhältlich:
ISBN 978-3-407-86424-6

www.beltz.de

© 2016 Verlagsgruppe Beltz, Werderstraße 10, 69469 Weinheim
Umschlaggestaltung: www.anjagrimmgestaltung.de (Gestaltung),
www.stephanengelke.de (Beratung)
Lektorat: Tarek Münch
Layout und Satz: Lina-Marie Oberdorfer
Druck und Bindung: Beltz Bad Langensalza GmbH, Bad Langensalza
Printed in Germany

ISBN 978-3-407-86417-8

Inhalt

Einleitung: Das Gesicht gewinnen

Ein Buch ist eine diskrete Sache. Es vermag Anregungen zu geben, ohne dass ein anderer davon erfährt. Es kann Fragen beantworten, die kein Mensch sonst wahrnimmt. Es bietet Hilfestellungen für Sachverhalte, von denen niemand etwas ahnen muss. Ein Buch ist ein Intimus – das ist mir bewusst geworden, seit ich frei- und hauptberuflich Elternvorträge über schulische Themen halte.

Die Lebendigkeit der Diskussion im Anschluss an eine Veranstaltung, so ist meine Erfahrung, hängt maßgeblich davon ab, ob Lehrpersonen oder gar die Schulleitung anwesend sind. In deren Beisein öffnen sich Eltern nur selten. Umgekehrt haben auch Lehrkräfte oft genug Hemmungen, vor einer Gruppe von Eltern ihre Meinung zu vertreten – ganz abgesehen davon, dass sie nicht öffentlich über Interna reden dürfen. Beide, Eltern wie Lehrer, haben häufig die Sorge, sie könnten in der öffentlichen Diskussion das Gesicht verlieren.

Aus diesem Grund wird am Ende eines Vortrags meist nur auf der Sachebene nachgefragt. Persönliche Sorgen erfahre ich anschließend am Büchertisch. Dort überwinden die Fragenden oftmals große Ängste und beziehen sich auf ihre konkrete Situation. Das ist sehr hilfreich, denn Furcht behindert die Offenheit im Umgang mit dem Problem und offenbart die Sorge, das Gesicht – und damit Ansehen – zu verlieren.

Dieses Buch will genau das Gegenteil: Seine Lektüre soll Eltern helfen, Ängste zu verlieren und Gesicht zu gewinnen. Die insgesamt 44 Kapitel behandeln Fragen, die mir immer wieder gestellt wurden. Alle Namen wurden selbstverständlich geändert.

Im ersten Teil »**Klassenzimmer & Co.**« geht es um die Bedingungen, unter denen Kinder lernen – Schulangst, Respekt und Geduld sind hier bedeutsam, aber auch gerechte Leistungsbeurteilung und Sympathie der Lehrpersonen.

»**Pausenhof & Co.**«, der zweite Teil, thematisiert vor allem die Qualität der Beziehungen unter den Kindern. Ob jemand neu in der Klasse ist, Strebervorwürfe oder Schülermobbing ertragen muss – es gibt eine Menge Konfliktmöglichkeiten in der Schule. Aber Kinder müssen lernen, mit ihren Konflikten selbst umzugehen. Zu viel Hilfe durch die Eltern verhindert, dass sie Selbstständigkeit entwickeln. Das gilt auch für das »Elterntaxi«.

Die Hauptaufgabe von Schulkindern ist natürlich das Lernen. In »**Hausaufgaben & Co.**«, dem dritten Teil, geht es sowohl darum, ihr Lernverhalten zu verbessern, als auch mit Lernschwierigkeiten und Teilleistungsstörungen positiv und angemessen umzugehen. Lesen, Rechtschreiben und Mathematik spielen dabei genauso eine Rolle wie die Optimierung der Hausaufgaben, Zeitmanagement oder Gelassenheit.

»**Schulwechsel & Co.**« ist der vierte und letzte Teil des Buches überschrieben, denn darin geht es um Übergänge, Chancen und Visionen, aber auch um grundsätzliche Themen wie Stress in der Schule, die Bedeutung von Noten, die Rolle der Eltern u.a.m.

Alle vier Teile konzentrieren sich auf Hinweise, die den Schulerfolg unterstützen, und bieten Informationen, die zum Dialog anregen sollen. Durch Gespräche wächst das gegenseitige Vertrauen in Schulen. Dann ist es nur eine Frage der Zeit, bis auch vertraulichere Aspekte angesprochen werden wie Lernprobleme, Teilleistungsstörungen oder Verhaltensschwierigkeiten. Es ist meine ausdrückliche Absicht, Eltern Lerntipps für ihren Nachwuchs zu vermitteln und sie darüber hinaus zu ermutigen, bei Bedarf geeignete Hilfsangebote anzunehmen. Schließlich geht es um unsere Kinder.

Klassenzimmer & Co.

Schulängste hat jedes Kind

Kinder leben ständig mit dem Anspruch, gut sein zu müssen.
Doch Druck erzeugt Angst und blockiert das Lernen. So finden
Sie Wege aus dem Teufelskreis

Als ich ein Schulkind war, hieß es oft: »Angst muss nur haben, wer nichts gelernt hat.« Dass das überhaupt nicht stimmt, habe ich am eigenen Leib erlebt. Mein Klavierlehrer war ein jähzorniger Mann, der häufig schrie. Ich konnte meine Stücke noch so gut geübt und zu Hause flüssig gespielt haben – in der Stunde bei ihm klopfte mir das Herz bis zum Hals. Je mehr ich dann über die Tasten stolperte, desto lauter wurde er, bis mir die Tränen kamen und überhaupt nichts mehr ging. Solche Blockaden haben in der Schule, vielleicht gar in einer Klassenarbeit, negative Folgen für die Note. Und wer das »Brett vorm Kopf« mehrmals erlebt hat, kann möglicherweise sogar »Angst vor der Angst« entwickeln – ein Teufelskreis von Verzagen, Versagen und weiterem Verzagen entsteht.

Angst ist eine Emotion, die der Mensch in seiner Frühgeschichte entwickelt hat. Tauchten in der Steinzeit beispielsweise wilde Raubtiere auf, löste das Angstgefühl die Ausschüttung eines raffinierten Hormoncocktails aus, der zur Folge hatte, dass das Frontalhirn mit seinem logischen Denkvermögen abschaltete, während die Instinkte im Stammhirn hellwach wurden. Gleichzeitig stiegen Blutdruck, Herz- und Atemfrequenz, um für extreme körperliche Anstrengungen bei Kampf oder Flucht gewappnet zu sein. Diese sinnvollen Reaktionsweisen bei Gefahren- oder Stresssituationen haben sich genetisch verfestigt.

DIE URSACHEN SIND VIELFÄLTIG

Damit wird klar, wie wichtig angstfreies Lernen ist. Der Druck, unbedingt gute Noten erreichen zu sollen, sogar das Locken mit Belohnungen, der Leistungsdruck in der Gesellschaft und unrealistische Erwartungen im Elternhaus, das drohende Sitzenbleiben, Auslachen bei falschen Antworten, entmutigender Tadel, Bloßstellungen vor der Klasse, aber auch Ängste vor anderen Kindern, vor Mobbing und Gewalt sind Ursachen von Lernblockaden.

Wie können Eltern helfen? Nehmen Sie Ihr Kind vor allem ernst und sagen Sie nie, es müsse doch keine Angst haben. Nehmen Sie seine Angst an und lassen Sie es beschreiben, wie sie sich anfühlt und wo sie spürbar ist: im Kopf, im Bauch, im Herzen? Erzählen Sie ruhig auch von Ihren Ängsten, die Sie früher hatten, damit Ihr Kind lernt, dass jeder Mensch dieses Gefühl kennt und hat. Helfen Sie ihm zu entspannen. Bei Angst während der Klassenarbeit kann es beispielsweise den Füller für einen Moment hinlegen, die Arme seitlich herabhängen lassen, dreimal ganz tief ausatmen und jedes Mal vor dem Einatmen ein paar Sekunden lang in den luftleeren Bauch hineinspüren.

Wenn wir Angst als normal akzeptieren, gelassen mit ihr umgehen und die erkannten Stressfaktoren verringern oder ausschalten können, normalisiert sich die Situation meist bald. Sind die Angstsymptome jedoch mehr als ein Vierteljahr lang zu beobachten, braucht Ihr Kind psychologische oder kinderpsychiatrische Hilfe.

Wenn Noten ungerecht sind

Objektive Zensuren gibt es nicht. Dennoch müssen Noten transparent und begründungsfähig sein. Was Eltern im Konfliktfall beachten sollten

In einer schwäbischen Kleinstadt legte eine Realschülerin ihrem Kunstlehrer eine Zeichnung zur Beurteilung vor. Sie erhielt eine Drei dafür. Was der Lehrer nicht wusste: Die Zeichnung stammte von der Mutter des Mädchens, die sie ihm vor dreißig Jahren als seine Schülerin abgeliefert hatte. Damals hatte er das Bild mit einer Eins bewertet. Welche Note ist nun gerecht?

Wir erwarten, dass Noten objektiv sind, doch das ist bei schulischen Leistungsbewertungen grundsätzlich nicht möglich. So kann dieselbe Mathematikarbeit eines Schülers von dreißig verschiedenen Lehrern Noten zwischen Zwei und Fünf erhalten, wie ein Erziehungswissenschaftler schon vor Jahrzehnten feststellte. Selbst bei zentralen Abschlussprüfungen gibt es Unterschiede zwischen Erst- und Zweitkorrektor von bis zu drei Notenstufen.

Wohlgemerkt: Nicht die Lehrer sind das Problem, sondern die Vorstellung, Leistungen messen und mit exakten Zahlen bewerten zu können. Die Objektivität von Noten ist grundsätzlich begrenzt; sie haben einen eingebauten Messfehler. Aber Lehrer müssen benoten, weil darüber Abschlüsse und Qualifikationen zugeordnet werden.

Umso wichtiger ist es, dass Kinder und Eltern wissen, wie die Noten zustande kommen. Alle Fachlehrer müssen zu Beginn des Schuljahres bekannt geben, nach welchen Kriterien sie schriftliche, mündliche und praktische Leistungen erfassen und gewichten. Schüler haben das Recht, jede von Lehrern gegebene Note zu erfahren und auf Nachfrage über ihren Leistungsstand informiert zu werden.

LEHRER HABEN EINEN PÄDAGOGISCHEN SPIELRAUM

Die Bildung der Zeugnisnote ist immer eine »pädagogisch-fachliche Gesamtwertung«, wie es in den entsprechenden Verordnungen heißt. Lehrer haben also ausdrücklich einen pädagogischen Spielraum, um nicht allein nach einem auf Zehntel gerundeten Durchschnittswert urteilen zu müssen. So kann ein Schüler mit einem rechnerischen Durchschnitt von 4,6 – ausnahmsweise und ohne Rechtsanspruch – noch eine 4 im Versetzungszeugnis erhalten, wenn dafür besondere Umstände und außergewöhnliche Belastungen sprechen und er sich grundsätzlich leistungsbereit zeigte. Gerade dieser subjektive Spielraum macht die Benotung gerechter, weil damit den Einzelpersönlichkeiten besser Rechnung getragen werden kann.

Nun kommt es natürlich im Schulalltag vor, dass ein Kind oder seine Eltern eine Note ungerecht finden. Die Kinder sollten dann ermutigt werden, direkt mit ihrer Lehrerin zu sprechen. In der Grundschule wird ohnehin angestrebt, dass die Kinder lernen, ihre Leistungen möglichst realistisch einzuschätzen. Insofern ist das Gespräch über eine Note diesem Ziel dienlich – und die meisten Lehrerinnen werden es offen führen.

Manchmal jedoch hinterlässt eine unerwartet schlechte Note ein diffuses Gefühl von Ungerechtigkeit. Zum Beispiel, weil das Kind viel geübt und sich Mühe gegeben hat. Dann ist ein Eltern-Lehrer-Gespräch sinnvoll. Erzählen Sie zunächst, welche Emotionen die Note beim Kind und bei Ihnen ausgelöst hat und warum Ihre Erwartungen anders waren. Bitten Sie dann darum,

Ihnen die Kriterien für die Benotung zu erklären und anhand
der Arbeit aufzuzeigen, was gut und was verbesserungsbedürf-
tig ist. Ein solches Gespräch wird in der Regel konstruktiv verlaufen, weil die Lehrerin sieht, dass Sie an Lernfortschritten Ihres Kindes interessiert sind.

WIDERSPRUCH GEGEN NOTEN IST KEIN TABU

Ohne Vorgespräch die Änderung der Note zu verlangen, führt in
der Regel zur Konfrontation, bei der das gemeinsame Interesse
an der bestmöglichen Förderung des Kindes leicht aus dem
Blick gerät. Allerdings gibt es auch Situationen, in denen sich
Eltern mit Recht gegen Noten wehren können und sollten.

Ein Beispiel: Eine Klasse erlebt wegen Krankheitsfällen im
Kollegium ständige Lehrerwechsel. Die Klassenarbeiten können
dadurch nicht sorgfältig im Unterricht vorbereitet werden – mit
Auswirkungen auf die Noten. Dabei gilt es zu unterscheiden, ob
lediglich eine Note schlechter ausfällt, als unter guten Rahmenbedingungen möglich, oder ob eine Versetzungsentscheidung
davon abhängt.

Versetzungen, Abschlüsse, Prüfungsentscheidungen – das alles sind Verwaltungsakte, die juristisch anfechtbar sind. Eltern
können bei der Schule Widerspruch dagegen einlegen. Weist die
Schule den Widerspruch zurück, ist die Schulaufsichtsbehörde
zuständig. Lehnt auch diese den Widerspruch ab, ist Klage beim
Verwaltungsgericht möglich. Doch der Rechtsweg ist oft lang-
wierig und das Verwaltungsgericht prüft nur, ob die Noten for-
mal korrekt ermittelt wurden.

Geht es nur um das Ändern einer strittigen Note, können Eltern sich lediglich beim Fachlehrer und/oder der Schulleitung
beschweren. Auch hier ist die Schulaufsicht die nächste Instanz,
eine gerichtliche Klärung ist nicht möglich. Bevor Eltern juris-

tisch vorgehen, sollten sie alle Gesprächsmöglichkeiten ausschöpfen: Elternvertreter, Beratungslehrer oder Schulpsychologe als Mediator beim Konfliktgespräch oder ein Runder Tisch mit Lehrerin, Schulleitung und Schulrat bieten Chancen auf informelle Einigung. Bei formellen Beschwerden oder juristischen Auseinandersetzungen gibt es am Ende einen Sieger – und einen Verlierer. Wie sollen die künftig miteinander umgehen?

Elternhaus und Schule sollen als Partner im gemeinsamen Interesse des Kindes zusammenwirken. Jede Konfrontation schadet dieser Partnerschaft. Aber wo es geboten ist, sollten Eltern juristische Schritte nicht scheuen, denn für Schulen in einer demokratischen Gesellschaft gelten die gleichen Rechtsgrundsätze wie für alle anderen Lebensbereiche.

Handys im Unterricht?

Die meisten Schulkinder haben ein eigenes Mobiltelefon. Warum es sinnvoll ist, das Gerät in der Schule gar nicht erst anzuschalten

In der 3a herrscht heute große Unruhe. Irgendwie sind die Kinder hibbelig und unkonzentriert. Nun klingelt auch noch ein Handy in einem Schulranzen. »So geht es nicht, Kinder«, sagt die Klassenlehrerin Anja Müller sehr bestimmt, »jetzt legt jeder mal sein Handy auf den Tisch.« 11 Stück sind es, bei 24 Schülerinnen und Schülern. »Prüft, ob euer Handy ausgeschaltet ist, und dann weg damit in den Ranzen!«

11 Handys bei 24 Schülern, das ist nicht einmal viel. Nach der aktuellen Kids-Verbraucheranalyse 2015 besitzen 56 Prozent der Kinder ab sechs Jahren ein Handy. Bei den 10- bis 13-Jährigen sind es bereits 80 Prozent; fast die Hälfte von ihnen nutzt Smartphones. Aber warum haben schon Grundschulkinder sie in der Schule dabei?

FÜR KINDER SIND ES SPIELGERÄTE

Viele Eltern möchten gerne jederzeit für ihr Kind erreichbar sein oder es auch selbst erreichen können, weil ja immer etwas Unerwartetes dazwischenkommen könnte. Für die Kinder sind ihre Handys mehr als nur Kommunikationsmittel. Schon einfachste Geräte bieten die Möglichkeit zum Spielen und Musikhören. Mit Smartphones können sie Bilder herunterladen und tauschen sowie in den sozialen Netzwerken kommunizieren. Im

Unterricht helfen Smartphones sogar, schnell richtige Antworten oder passende Zusatzinformationen zu recherchieren, Google sei Dank.

Offensichtlich sind in der Schule Regeln darüber wichtig, was erlaubt ist und was nicht. Während des Unterrichts sollte jedenfalls kein Mobiltelefon eingeschaltet sein dürfen, denn das Störpotenzial ist einfach zu groß. Auch in den Pausen gibt es keinen Grund, sich mit solchen Geräten zu beschäftigen – Bewegung und gemeinsames Spielen sind für die Konzentration beim Lernen wirksamer. Lehrerfragen mit Hilfe von Google zu beantworten, mag als cool gelten, aber es behindert mitunter die Entwicklung von Problemlösekompetenz.

Der Wunsch der Eltern nach Erreichbarkeit wirft ein anderes Problem auf: Kinder lernen keine Zuverlässigkeit, wenn Verabredungen nur kurzfristig per Handy getroffen werden. Auch das Vertrauen von Kindern in ihre Eltern wächst aufgrund von Erfahrungen mit verlässlichen Absprachen, aber nicht durch telefonische Erreichbarkeit. Der Wunsch nach größtmöglicher Flexibilität im Alltag erzeugt schon bei Erwachsenen erheblichen Stress, etwa im Berufsleben. Für Kinder ist dieser Stress noch belastender. Sie brauchen klare Strukturen, regelmäßige Zeiten und Abläufe, um sich im Leben orientieren zu können.

Anja Müller wird das beim nächsten Elternabend der 3a zum Thema machen. Vielleicht ist es ja gemeinsam möglich zu erreichen, dass die Handys der Kinder in der Schule oder zumindest im Unterricht ausgeschaltet bleiben. Medien können nützliche Helfer sein, wenn wir sie sinnvoll nutzen. Zur sinnvollen Handynutzung gehören auch handyfreie Zonen. Das müssen Kinder erst lernen – von uns.

Wer richtig sitzt, lernt besser

Langes Stillsitzen in der Schule wie bei den Hausaufgaben schadet der Konzentration. Wie unsere Kinder durch gezielte Bewegungsanreize besser denken und lernen können

Am Ende eines langen und anstrengenden Fortbildungstages meinte neulich eine Lehrerin: »An solchen Tagen merkt man, was die Kinder aushalten müssen.« Ja, Lehrerinnen und Lehrer haben es besser als ihre Schüler, denn sie können während des Unterrichts herumgehen und sich bewegen.

Das viele Sitzen in der Schule und bei den Hausaufgaben führt zu zwei Problemen: Zum einen gefährdet es die Gesundheit, zum anderen beeinträchtigt es die Konzentration.

Gesundheitliche Folgen durch zu vieles Sitzen sind logisch, wenn wir uns klarmachen, dass der Mensch von Natur aus für Bewegung geschaffen ist und deswegen über lange Beine verfügt. Über viele Jahrtausende hinweg sammelten und jagten unsere Vorfahren den ganzen Tag über Nahrung und legten sich allenfalls zwischendurch zum Ausruhen auf das Bärenfell oder saßen abends am Lagerfeuer. Heutige Jugendliche jedoch sitzen durchschnittlich neun Stunden am Tag, was etwa 70 Prozent ihrer Wachzeit ausmacht. Kein Wunder also, dass Rückenbeschwerden im Kindes- und Jugendalter immer mehr zunehmen. Bei einer Umfrage der DAK unter Kinder- und Jugendärzten gab mehr als die Hälfte von ihnen an, dass die Zahl der jungen Patienten mit Rückenschmerzen und Haltungsschäden in den vergangenen zehn Jahren deutlich gestiegen ist. Außerdem ist Bewegungsarmut mit ursächlich für Übergewicht und in der Folge für Diabetes und Herz-Kreislauf-Erkrankungen.

BEIM SITZEN SCHALTET DER KÖRPER IN DEN RUHEMODUS

Dabei ist Stillsitzen nicht einmal gut für die Konzentration. Damit wir uns konzentrieren können, müssen unser Gehirn und das gesamte zentrale Nervensystem mit Sauerstoff, Nährstoffen und Wasser versorgt sein. Das Blut ist das Transportmittel dafür. Darum ist die Kreislauffunktion von elementarer Bedeutung für die Konzentration. Beim Stillsitzen verhält sich unser Organismus jedoch wie im Ruhezustand: Er fährt den Kreislauf herunter – alles andere als optimal für die Konzentration.

Eine Ausnahme gibt es: Wer fasziniert von seinen Aufgaben ist, weil er sie beispielsweise spannend findet, sitzt zwar still, gleichzeitig ist ihm aber warm, denn der »Feuereifer« sorgt auch bei ruhiger Körperhaltung für einen normalen Blutdruck. Bei Aufgaben jedoch, die als langweilig, ätzend oder stressig empfunden werden, sollte man dynamisch sitzen.

Dynamisches Sitzen bedeutet, seine Sitzhaltung bewusst immer wieder zu verändern: mal aufrecht, mal zurückgelehnt, mal schräg, mal das eine, dann das andere Bein übergeschlagen, mal im Reitersitz auf dem umgedrehten Stuhl. Für eine optimale Konzentration, beispielsweise bei einer Klassenarbeit, sollten sich die Kinder immer wieder für einige Minuten vorne auf die Stuhlkante setzen. Dabei wird ein Reflex aktiviert, der uns automatisch aufrecht sitzen lässt – was die Atmung fördert und den Blutkreislauf anregt. Gelegentlich sollten sie sich aber auch anlehnen und den Rücken entspannen.

Ein nützliches Hilfsmittel für dynamisches Sitzen ist das Luftpolster-Sitzkissen aus dem Sanitätshaus. Es wird einfach auf den Stuhl gelegt. Man hat das gleiche Sitzgefühl wie auf einem Sitzball, aber der Stuhl kann nicht wegrollen und die Lehne stützt bei Bedarf den Rücken. Bewegungsbedürftige Kinder können sich auf dem »Zappelkissen« abreagieren, ohne dass der

Stuhl kippelt und andere dadurch gestört werden. Eher schlaffe Typen, denen es ohnehin schwerfällt, aufrecht zu sitzen und Körperspannung aufzubauen, werden durch das Kissen aktiviert. Es löst den gleichen Reflex aus wie das Sitzen auf der Stuhlkante. Zahlreiche Grundschulen haben solche Sitzkissen bereits mit Erfolg eingeführt.

BEWEGUNGSPAUSEN FÖRDERN DEN LERNERFOLG

Ob mit oder ohne Kissen – für die Konzentration ist es wichtig, dass die Füße immer mit der ganzen Sohle auf dem Boden aufstehen. Das sollte man bei höhenverstellbaren Stühlen mit Rollen unbedingt beachten, denn Kinder stellen gerne ihre Füße auf die Kufen.

Der Stuhl hat die richtige Höhe, wenn die Kante der Sitzfläche knapp unter der Kniescheibe des davor stehenden Kindes liegt. Um den Tisch anzupassen, lassen Sie Ihr Kind aufrecht sitzen und seinen Arm anwinkeln, sodass der Unterarm waagerecht in der Luft hängt. Die Tischplatte sollte drei bis fünf Zentimeter höher sein als die Unterkante des Ellenbogens.

Auch während des Lernens zu stehen oder sich zu bewegen ist sinnvoll. Gerade mündliche Übungen lassen sich so effektiver erledigen. Die meisten Lehrerinnen und Lehrer an Grundschulen machen immer wieder zwischendurch ein Spiel oder singen mit der Klasse ein Bewegungslied. Das ist eine gute Idee – auch für die Hausaufgaben. Denn wer Bewegungspausen einlegt, ist meist schneller fertig als derjenige, der ohne Unterbrechung durcharbeitet.

www.haltungundbewegung.de: Hier finden Sie kompetente Tipps und Informationen, wie die Lebenswelt unserer Kinder bewegungsfreundlicher gestaltet werden kann.

Respekt auf beiden Seiten

Klar, Kinder sollten Achtung vor ihrem Lehrer haben. Das gilt aber auch andersherum! Wie das Verhältnis von Lehrern und Schülern eine gute Basis hat – und was Eltern dazu beitragen können

»Die Jugend achtet das Alter nicht mehr, zeigt bewusst ein ungepflegtes Aussehen, sinnt auf Umsturz, zeigt keine Lernbereitschaft und ist ablehnend gegen übernommene Werte.« Diese Aussage wurde auf einem etwa 3500 Jahre alten Dokument aus Ägyptens Pharaonenzeit gefunden. Schon immer haben sich Erwachsene über den fehlenden Respekt der Kinder beklagt – das haben wir früher selbst erlebt. Aber ist denn Respekt eine einseitige Bringschuld von Kindern?

»Die Würde des Menschen ist unantastbar.« So steht es in Artikel 1 unseres Grundgesetzes. Mensch ist man von Geburt an, und damit hat bereits das Neugeborene eine Würde, die niemand verletzen darf. Darum heißt es im Bürgerlichen Gesetzbuch (BGB): »Kinder haben ein Recht auf gewaltfreie Erziehung. Körperliche Bestrafungen, seelische Verletzungen und andere entwürdigende Maßnahmen sind unzulässig.« Das gilt für die familiäre Erziehung genauso wie für die in der Schule. Natürlich verhalten sich Kinder oftmals respektlos gegenüber Erwachsenen. Sie müssen positives Verhalten ja erst lernen. Dazu brauchen sie Hinweise, Erklärungen und auch Grenzen – auf respektvolle Weise.

WAS IST »RESPEKT«?

Das Wort »Respekt« stammt vom lateinischen Wort »respectus« ab, was Rücksicht oder Berücksichtigung bedeutet. Wenn ich jemandem die Tür öffne, weil die Person keine Hand frei hat, oder wenn ich einem gehbehinderten Menschen über die verkehrsreiche Straße helfe, dann ist das respektvoll: Ich nehme Rücksicht auf die Bedürfnisse des anderen. Auch mit dem liebevollen Versorgen unseres Kleinkindes verhalten wir uns respektvoll. Jeder Mensch hat Anspruch auf diesen horizontalen Respekt auf Augenhöhe.

Daneben gibt es aber auch den vertikalen Respekt von unten nach oben. Wer etwas Großartiges vollbringt, verdient ihn sich damit. Wir respektieren beispielsweise die Leistungen eines guten Politikers, selbst wenn wir nicht seiner Partei zustimmen. Sein Amt allein ist nicht entscheidend. So können selbst ein Bundespräsident oder ein Bischof Ansehen und Respekt verspielen.

Früher gebührte Lehrerinnen und Lehrern automatisch Respekt, doch heute gelten wir alle als »gleichwürdig«. Auch Lehrerinnen müssen sich darum den anerkennenden Respekt der Kinder erst verdienen. Wenn sie freundlich und geduldig mit ihnen umgehen, sich als einfühlsam erweisen, gerecht sind und interessanten Unterricht gestalten, bleibt Anerkennung in Form von Beliebtheit nicht aus. Sie dürfen sogar streng sein und richtiges Verhalten konsequent einfordern – Kinder mögen Klarheit. Aber sie dürfen ihre Schüler nicht demütigen, bloßstellen, seelisch verletzen.

VORBILD IN SACHEN RESPEKT

Eine aktuelle Studie der Universität Potsdam kam jedoch zu dem Ergebnis:»Mit durchschnittlich jeder vierten Lehrer-Schüler-Interaktion ist eine Verletzung verbunden.« Schnippische Bemerkungen, Bloßstellen und Beleidigen kommen offenbar häufig bei Lehrern vor. Wenn Kinder von Erwachsenen immer wieder beschämt werden, wirkt das schlechte Vorbild ansteckend. Besonders gefährlich ist die Tatsache, dass Mitschüler dazu neigen, ein Kind, das der Lehrer auf dem Kieker hat, zum Außenseiter zu machen oder gar zu mobben. Das beeinträchtigt natürlich auch das Klassenklima. Fühlen sich Kinder aber in ihrer Klasse nicht wohl, leiden in der Folge sogar ihre schulischen Leistungen darunter.

Viele Lehrkräfte bräuchten eigentlich Hilfe, um die Beziehungsqualität in der Klasse zu verbessern. Doch »Beziehungskompetenz« ist in ihrer Ausbildung nach wie vor kein Thema. Also sind Fortbildung und Fallbesprechungsgruppen nötig. Das dafür erforderliche Geld wäre eine gute Investition, denn gegenseitiger Respekt bildet die Grundlage für eine menschliche Gesellschaft – schließlich wollen wir alle in einer solchen leben.

Wenn Eltern von Respektlosigkeiten gegenüber ihren Kindern erfahren, sollten sie die betreffenden Lehrerinnen unbedingt ansprechen, aber auf respektvolle Weise. Zum einen brauchen die Betroffenen – bei aller berechtigten Kritik – Verständnis, denn es ist oft der Stress, der zu unbeherrschtem Verhalten führt. Zum anderen wirkt auch das Eltern-Lehrer-Verhältnis als Vorbild für Kinder. Es zeigt ihnen, wie man miteinander umgeht, selbst wenn man unterschiedlicher Meinung ist. Und drittens verführt eine respektlose Haltung gegenüber der Lehrerin ein Kind dazu, sich bei Meinungsverschiedenheiten mit den eigenen Eltern gleichfalls respektlos aufzuführen. Auch Eltern müssen sich den Respekt ihrer Kinder verdienen ...

Stress mit dem Lehrer – was Eltern tun können:

- Wenn Ihr Kind erzählt, dass die Lehrerin es beleidigt oder vor der Klasse blamiert hat, ist ruhiges Zuhören wichtig. Verzichten Sie auf Kommentare oder Schuldzuweisungen. Lassen Sie Ihr Kind Mitgefühl spüren und trösten Sie es, aber ohne Partei zu ergreifen.
- Bitten Sie die Lehrerin um ein Gespräch und bereiten Sie sich darauf vor. Schreiben Sie sich auf, was Ihr Kind erzählt hat, damit Sie im Stress des Gesprächs nichts vergessen.
- Erklären Sie der Lehrerin, dass Sie sich ein gutes Verhältnis zwischen ihr und Ihrem Kind wünschen und den Vorfall deshalb klären möchten. Hören Sie ihr ruhig und geduldig zu.
- Stellt sich der Vorfall als wahr heraus, machen Sie deutlich, dass Sie eine Verletzung Ihres Kindes nicht akzeptieren. Entwürdigendes Verhalten ist nicht hinzunehmen und erfordert eine Wiedergutmachung, z. B. eine Entschuldigung vor der Klasse.
- Kommt es zu keiner Einigung, suchen Sie das Gespräch mit der Schulleitung, evtl. gemeinsam mit der Elternvertretung. Ein Schulpsychologe oder Erziehungsberater kann als Vermittler hilfreich sein.

Schreiben will gelernt sein

Immer wieder ist zu lesen, die Kinder würden in der Schule nicht mehr fehlerfrei schreiben lernen. Dabei zeigt sich: Ob und wie sie die Rechtschreibung lernen, hängt von vielen Faktoren ab

Mit unschöner Regelmäßigkeit bauschen Magazine und Zeitungen Meldungen über die angebliche »deutsche Rechtschreibkatastrophe« auf. Das steigert zwar die Auflage, bringt jedoch unnötigen Stress in die Familien und beschädigt das Vertrauensverhältnis zwischen Elternhaus und Schule.

Die Behauptung, dass die Rechtschreibleistungen deutscher Schüler in den letzten Jahren erheblich nachgelassen hätten, ist wissenschaftlich nicht zu belegen. Der Wortschatz verändert sich ständig und immer rascher, sodass Vergleiche anhand früherer Aufsätze oder Diktate nicht aussagekräftig sein können.

Dass die Rechtschreibleistungen der Schüler besser sein könnten, ist allerdings eine Aussage, der auch in der Fachwelt niemand widerspricht.

FALSCHE METHODEN IN DER GRUNDSCHULE?

In unseren Schulen gilt das Prinzip der Methodenfreiheit. Das ist gut so, denn die Methode, mit der alle Kinder die Schriftsprache erfolgreich erlernen würden, gibt es nicht. Immerhin sind Grundschulen gehalten, Konzepte für den Lese- und Rechtschreibunterricht zu entwickeln. So wird der Methodenbeliebigkeit innerhalb eines Kollegiums entgegengewirkt. Die staatliche Lehrerausbildung, das Zulassungsverfahren für Schulbücher sowie die Schulaufsicht sorgen dafür, dass keine unseriösen Methoden praktiziert werden.

Dennoch kommt es vor, dass Lehrerinnen und Lehrer Methoden nicht konsequent umsetzen oder in einer Weise kombinieren, die nicht sinnvoll ist. Das weit verbreitete Arbeiten mit einer Anlauttabelle im Anfangsunterricht, wobei die Kinder erst einmal nach Gehör und ohne Rücksicht auf Regeln schreiben, ist prinzipiell ein großer Fortschritt. Es verhindert Unter- oder Überforderung und stärkt die Motivation. Der eigene Weg zur Schrift sollte allerdings schon frühzeitig ergänzt werden mit dem Austausch von Schreiberfahrungen in sogenannten »Rechtschreibgesprächen«. Dadurch entdecken Kinder Regelhaftigkeiten und Muster in den geschriebenen Wörtern, erkennen Wortstämme, die Großschreibung von Nomen, Ableitungsstrategien und mehr.

Dass die Kinder jedoch die ersten zwei Schuljahre absolut frei und danach konsequent regelkonform schreiben sollen, kann nicht wunschgemäß funktionieren – und ist auch nicht im Sinne derer, die Verfahren für das individuelle Lernen entwickelt haben.

FÖRDERUNG BEGINNT SCHON IM KLEINKINDALTER

Die Rechtschreibleistungen unserer Kinder nur mit der Qualität des Unterrichts begründen zu wollen, greift allerdings zu kurz. Die Begegnung mit gesprochener und schriftlicher Sprache im Elternhaus ist mindestens genauso bedeutsam. So gibt es beispielsweise einen negativen Zusammenhang zwischen dem Fernsehkonsum von Kleinkindern und ihren Sprachfähigkeiten: je mehr Bildschirm, desto geringer Wortschatz und grammatikalische Komplexität. Ein positiver Zusammenhang besteht hingegen zwischen der Anzahl der Bücher in einer Familie und der Deutschnote. Für die Förderung der Kinder gilt:

- Eltern sollten sie von klein auf sprechend pflegen und versorgen, also alle Handlungen verbalisieren.

- Bücher sind der zentrale Zugang zur Schriftsprache, erst als Bilderbücher, dann zum Vorlesen, bevor Kinder selbst schmökern.

- Im Wald zu spielen fördert Vorschulkinder besser als Bildungskurse, denn Bewegung und Sinneswahrnehmungen sind Voraussetzungen sowohl für Intelligenz als auch für körperliche Geschicklichkeit und Motorik.

- Malen sowie Basteln und Geschicklichkeitsspiele fördern die Handmotorik, die später beim Schreiben benötigt wird.

Um ein Schulkind im Rechtschreiben sinnvoll zu fördern, sollte man sich unbedingt sachkundig machen. Übungsdiktate schaden in aller Regel mehr, als dass sie nützen. Etliche Materialien mit sinnvollen Fördertipps zum Download finden sich in der Rubrik »Eltern« auf www.schulpsychologie.de. Auf jeden Fall sollte beachtet werden:

- Wer mit dem Kind übt, muss geduldig und gelassen sein, sonst sollte eine neutrale Person mit dem Kind arbeiten.

- Kinder akzeptieren Extra-Übungen eher zu regelmäßigen, vorher verabredeten Zeiten.

- Übungseinheiten von 10 bis 15 Minuten sind hinsichtlich

der Konzentration und Motivation des Kindes deutlich effektiver als längere.

• Es sollten nur die Wörter geübt werden, die das Kind noch nicht beherrscht.

• Schreibübungen in Verbindung mit Bewegung und Spaß haben einen besseren Trainingseffekt: Das Wort mit dem Finger auf die Tischplatte oder an die Wand schreiben; mit dem Finger an die Zimmerdecke malen und gleichzeitig buchstabieren; mit dem Zeigefinger der Schreibhand auf den anderen Unterarm schreiben; mit dem Fuß auf den Boden malen; in eine Schicht Spielsand oder Salz auf einem alten Tablett schreiben. Erst nach mehreren solcher Aktionen schreibt das Kind sein Übungswort auf Papier.

PROFESSIONELLE HILFE

Liegt das Kind mit seinen Rechtschreibleistungen deutlich unter dem Klassendurchschnitt und stellen sich trotz regelmäßigen Übens über mindestens drei Monate hinweg keine nennenswerten Fortschritte ein, ist eine fachkundige Diagnostik angezeigt. Diplompsychologen, Schulpsychologischer Dienst oder die sozialpädiatrische Abteilung einer Kinderklinik können klären, ob eine Legasthenie oder eine Lese-Rechtschreib-Schwäche vorliegt. Diese Diagnosen betreffen etwa 5 bis 10 Prozent eines Jahrgangs. Betroffene Kinder benötigen dann für sie passende therapeutische Maßnahmen.

Stress in der Schule

Schon Zweit- und Drittklässler leiden unter Leistungsdruck. Gefragt sind neue Konzepte jenseits von Noten, Konkurrenz und Selektion

Marvin, acht Jahre alt, macht seiner Mutter Sorgen: »In der Schule läuft es einfach nicht so, wie wir uns das erhofft haben. In Mathe hat Marvin jetzt eine Vier und eine Drei minus geschrieben. Und fürs Diktat will er einfach nicht üben, obwohl er da schlecht ist. Immer wieder haben wir Streit, weil er sich mit seinen Hausaufgaben keine Mühe gibt«, berichtet sie. Andererseits sei Marvin vor allem abends sehr anlehnungsbedürftig und wolle sie beim Gute-Nacht-Sagen kaum loslassen. Er schlafe nicht gut ein und erzähle morgens, dass er schlecht geträumt habe. Inzwischen frage sie sich, ob es an der Zeit sei, mit ihrem Sohn zum Arzt zu gehen.

Dass Marvin kein Einzelfall ist, belegt unter anderem die »Elefantenstudie« zur Situation der Kindergesundheit in Deutschland 2011/2012: Dazu wurden 4691 Schülerinnen und Schüler der zweiten und dritten Jahrgangsstufe befragt. 77 Prozent von ihnen beantworteten die Frage »Wovon fühlst du dich gestresst?« so ausführlich, dass ihre Aussagen zwei Hauptkategorien zugeordnet werden konnten: 33 Prozent nannten die Schule als Hauptbelastung, gefolgt von »Ärger und Streit mit anderen« (21 Prozent) bzw. »Familie/Geschwister/Eltern« (17 Prozent).

»Es war für uns erstaunlich, dass Kinder im Alter von sieben bis neun Jahren in der Lage sind, so ausführlich auf solche Fragen zu antworten«, sagt Anja Beisenkamp vom Institut für Sozialforschung (PROSOZ), dessen Abteilung PROKIDS die Studie durchgeführt hat. Derart detaillierte Vorstellungen davon, was sie belastet, hatte die Sozialwissenschaftlerin bei den jungen Probanden nicht erwartet. Umso erschreckender findet sie das Ausmaß, in dem die Kinder von Schulstress berichteten.

Dass Schule krank macht, möchte Anja Beisenkamp deswegen nicht behaupten: »Das kommt bei dieser Kindergesundheitsstudie nicht heraus. Aber wir wissen heute, dass Stress langfristig krank macht. In einer Zeit, in der jede Krankheit mit einer Pille behandelt wird, von deren Spätfolgen für unsere Kinder wir überhaupt keine Ahnung haben, sollte uns dies zu denken geben.«

MACHT SCHULE KRANK?

Kritischer sieht Friedhelm Güthoff das System Schule. Er hat für den Deutschen Kinderschutzbund (DKSB) an der Elefanten-Kindergesundheitsstudie mitgewirkt. »In dieser Form, mit ihrer Vielgliedrigkeit und ihren selektiven Strukturen, stellt die staatliche Regelschule auf jeden Fall eine Gesundheitsgefährdung dar«, sagt der Geschäftsführer des NRW-Landesverbandes des DKSB.

»Der Druck kommt von vielen Seiten«, beschreibt Karin Knudsen die Situation der Kinder. Sie ist Regionalgruppenleiterin des Selbsthilfeverbandes ADHS Deutschland e.V., der sich für Menschen mit Aufmerksamkeitsstörungen starkmacht. Die Schule müsse ihr Pensum durchziehen, weil im dritten Schuljahr Vergleichsarbeiten zu schreiben und im vierten Schuljahr Bildungsempfehlungen abzugeben seien, kritisiert Knudsen. »Und aus dem Elternhaus kommt Druck, weil Eltern sich um die Zukunft ihrer Kinder sorgen. So entwickeln diese das Gefühl, sie hätten keine Chance, wenn sie nicht erfolgreich sind, und leiden extrem darunter.«

WAS IST STRESS?

Stress ist die Reaktion unseres gesamten Organismus auf ungewöhnliche Belastungen.

Unter besonderen Bedingungen, etwa bei Lampenfieber, kann Stress aktivierend und leistungssteigernd wirken – solange er nicht zu stark wird. Dann spricht man von positivem, sogenanntem »Eustress«. Übermäßiger Stress (Disstress) hingegen wirkt lähmend; als Dauerzustand verursacht er Bluthochdruck, psychosomatische Symptome wie Schlafstörungen oder Bauchschmerzen und Beeinträchtigungen der Konzentration.

Als Schulstress gilt jener Disstress, der durch eine übermäßig hohe zeitliche Beanspruchung für Lernen und Hausaufgaben, durch Noten, Leistungsdruck und Versagens- sowie andere schulische Ängste verursacht wird.

GEBT ACHT AUF EURE KINDER!

Dieses Leiden findet häufig seinen Ausdruck in psychosomatischen Symptomen wie Kopf- und Rückenschmerzen, Schlafproblemen oder starker Gereiztheit. An den weiterführenden Schulen ist ein Drittel aller Mädchen und Jungen stresskrank, fand eine Studie der Leuphana-Universität Lüneburg 2010 heraus. Dass sich bereits ebenso viele Grundschulkinder gestresst fühlen, macht deutlich, dass dringend gegengesteuert werden muss, denn wer bereits stresskrank die Schule verlässt, wird auch im Berufsleben nie seine volle Belastbarkeit erreichen.

»Ich würde an jeder Schule ein Schild anbringen: ›Gebt acht auf eure Kinder!‹«, schlägt Anja Beisenkamp vor. Erwachsene müssten die Kinder immer wieder nach ihrem Befinden fragen und dann auch entsprechend reagieren.

Und wie soll nun Marvins Mutter handeln? Sie spürt, wie sehr ihr Junge aus dem Gleichgewicht geraten ist, und will, dass ihm möglichst rasch geholfen wird. Für Eltern in ihrer Situation empfiehlt es sich, folgendermaßen vorzugehen:

• Zunächst sollte eine Diagnose des Kinderarztes eingeholt werden, um abzuklären, ob eine behandlungsbedürftige Gesundheitsstörung vorliegt. Der Mediziner kann unter anderem ausschließen, dass körperliche Gründe die Lernprobleme verursachen. Erst nach einer solchen Abklärung ist es sinnvoll, sich mit dem Schulstress des Kindes zu befassen. Dann gilt es, Strategien zu entwickeln, mit denen bei weniger Stress erfolgreicher gelernt werden kann. Dabei sollten Eltern auf die beratende Hilfe von Fachleuten setzen.

• Gespräche mit Lehrern und Lehrerinnen können klären, ob das Kind in der Schule gleichfalls Symptome von Überlastung zeigt oder dort womöglich entspannter ist. Daraus lassen sich Schlüsse ziehen, wie der Schulstress künftig gemindert werden kann. Werden die Probleme des Kindes eventuell durch die Erwartungshaltung von Vater oder Mutter noch verstärkt? Dann kann es helfen, wenn diese sich erst einmal weitgehend aus schulischen Dingen heraushalten. Eine Hausaufgabenbetreuung in der Schule oder das Erledigen der Hausaufgaben bei einem Klassenkameraden können dabei helfen, den familiären Stress zu reduzieren.

• Mit Hilfe eines Beratungslehrers oder einer Schulpsychologin können Eltern einen Plan entwickeln, mit welchen Methoden und in welchem zeitlichen Umfang tatsächlich zu Hause geübt werden sollte. Bei diesen Experten können sich Väter und Mütter auch erkundigen, wie ihr Kind lernpsychologisch sinnvoll übt und was sie in Bezug auf seine speziellen Lernbedürfnisse berücksichtigen sollten.

- Schließlich sollte gezielt nach entspannenden Faktoren für das Kind gesucht werden. Das Erzählen von Märchen, Vorlesen vor dem Einschlafen oder das Ausmalen von Mandalas können beruhigend wirken.

Vor allem aber hilft Bewegung dabei, Stress abzubauen. Eigentlich logisch, wenn man weiß, dass Stress bereit für Kampf oder Flucht macht, das Kind in der Schule jedoch meist still sitzen soll. Für stressgeplagte Kinder wie Marvin ist viel individuelle Hilfestellung möglich. Dennoch stellt sich weiterhin die Frage, wie sich die Schule verändern muss, um keinen lernhemmenden Leistungsdruck zu erzeugen. Denn das wäre allemal sinnvoller, als Kindern Entspannungstechniken gegen Schulstress zu vermitteln.

»Schulstress wird vor allem von Ziffernnoten sowie den viel zu frühen Schullaufbahnentscheidungen erzeugt«, sagt Rixa Borns, Vorsitzende des Fachgruppenausschusses Grundschule bei der Gewerkschaft Erziehung und Wissenschaft (GEW) NRW. Borns ist selbst Leiterin einer Grundschule und erlebt daher nahezu täglich, wie Kinder in Stress geraten. Manche sind verzweifelt wegen einer Drei, die sie für eine schlechte Note halten. Blockaden in Leistungssituationen, Angst vor Fehlern und mangelnden Selbstwert beobachtet sie ebenfalls ständig. Die Zahl der Kinder, die Psychopharmaka gegen ADHS oder aggressive Verhaltensstörungen verordnet bekommen, ist laut den Statistiken verschiedener Krankenkassen in den letzten Jahren erheblich gestiegen. Dabei sind es in erster Linie Eltern, die aus Zukunftsängsten heraus Druck erzeugen. Vor allem seit der Einführung von G8 halten es viele von ihnen für sinnvoll, dass ihre Kinder bereits in der Grundschule mit den künftigen Anforderungen vertraut gemacht werden. So stellte beispielsweise die rot-grüne Landesregierung in Nordrhein-Westfalen den Grundschulen frei, im dritten Schuljahr auf Ziffernoten zu verzichten. In der Schulkonferenz stimmten jedoch etliche Eltern gegen diese Möglichkeit, weil sie fürchteten, so könne ihr Kind nicht richtig auf die weiterführende Schule vorbereitet werden.

INKLUSION ALS LÖSUNG

Rixa Borns plädiert deswegen für eine Schule für alle: »Die Inklusionsdiskussion bietet die Chance, Fortschritte beim individuellen Fördern zu erzielen und die gegliederte Sekundarstufe I zu überwinden. Das würde den Schulstress in der Grundschule erheblich reduzieren.«

Doch solche Veränderungen sind bestenfalls mittelfristig möglich. Viele Eltern suchen daher bereits heute nach einer Schule, in der ihr Kind mit Freude, aber ohne Stress lernen und seine Talente frei entfalten kann.

Diesem Wunsch entsprechen zahlreiche Schulen in privater Trägerschaft wie etwa die Freie Schule LernZeitRäume in Dossenheim bei Heidelberg. Hier lernen die Schüler bis zum Abitur nach dem Prinzip des Jenaplans in kleinen, altersgemischten Gruppen und mit Methoden aus der Montessori- und Freinetpädagogik. Das Ganztagskonzept sorgt für ein entspanntes Familienklima. Wenn die Kinder nach Hause kommen, gibt es keinen Hausaufgabenstress mehr. Grundidee dieses Modells ist, dass Zeit, Anregungen, Eigenaktivität und Ermutigung eher zum Schulerfolg führen als Druck und Leistungsdenken.

ALTERNATIVE WALDORF & CO.

Das Interesse an Waldorf- oder Montessorischulen rührt häufig von dem Wunsch her, seinem Kind eine entspannte Schulzeit mit erfolgreichem Abschluss zu ermöglichen. Wo Eltern mit der Philosophie dieser Schulen in Einklang stehen, kann dieses Ansinnen in Erfüllung gehen. Wer aber in ihnen lediglich einen bequemeren Weg zum Abitur vermutet, wird in seinen Erwartungen enttäuscht werden.

Langfristig kommen wir um ein Umdenken nicht herum. Gerald Hüther, einer der profiliertesten Neurobiologen Deutschlands, engagiert sich deswegen in einer Roadshow unter dem Motto »Lernlust statt Schulfrust« für eine neue Lernkultur (www.roadshow-lernlust.de).

Die alte Stress- und Paukschule ist überholt, der Wunsch nach Veränderung groß. Wenn es gelingt, das Beharren auf »Altbewährtem« zu überwinden, könnte eine wirkungsvolle Lobby für eine neue Schulkultur aus der Elternschaft erwachsen. Initiativen wie die »Aktion Humane Schule«, das Bildungsnetzwerk »WIN-FUTURE«, das »Archiv der Zukunft« und viele mehr fördern diesen Trend schon jetzt.

Wenn Kinder unter Stress leiden, können gezielte Übungen helfen:

- Leihbibliotheken und Buchhandlungen bieten Eltern eine große Auswahl an ebenso schönen wie hilfreichen Büchern und CDs mit Entspannungsübungen und Fantasiereisen.
- Volkshochschulen und Familienbildungsstätten bieten zu geringen Gebühren Entspannungskurse für Kinder an. Hier können sie Atemtechniken, Übungen aus dem Autogenen Training oder der Progressiven Muskelentspannung (PME) erlernen.
- Auch Meditation, Yoga, Shiatsu oder Qigong sind hilfreich. Auf der Seite www.unfallkasse-nrw.de/service/medien.html kann unter dem Suchbegriff »Entspannung in der Schule« (rechts am Rand, Rubrik »Mediensuche«) eine Broschüre kostenfrei heruntergeladen werden, in der zahlreiche Möglichkeiten beschrieben sind. Die Unfallkassen haben ein reges Interesse an der Reduzierung von Schulstress, weil er Ursache für einen Teil der Schülerunfälle ist.

Wenn Kinder keinen Plan haben

Viele Kinder sind mit der Organisation ihres Lernens und des Schulalltags überfordert. Mit den richtigen Strategien bekommen sie das Problem jedoch nach und nach in den Griff

Der Begriff »kognitive Impulsivität« ist kaum bekannt, was sich dahinter verbirgt, jedoch sehr wohl. Er beschreibt einen Denk- oder Problemlösestil, der von Planlosigkeit und fehlender Systematik geprägt ist. Kognitiv impulsive Kinder rufen Antworten auf eine Frage in die Klasse, bevor sie nachgedacht haben. Sie schreiben beim Diktat schon drauflos, während sie noch zuhören sollen – und wissen dann oft nicht weiter. Sie haben Chaos im Schulranzen und sie vergessen Teile der Hausaufgaben oder ihre Schulbücher.

Wenigen Kindern liegt dieser Verhaltensstil in den Genen, beispielsweise jenen rund 5 Prozent eines Jahrgangs, die unter ADHS leiden. Doch die meisten haben einen planvoll-strategischen, reflexiven Denkstil einfach nicht erlernt – ein Phänomen unserer Zeit.

Die Gründe dafür sind vielfältig. So ist das Leben heute insgesamt hektischer geworden und das alte Prinzip »eins nach dem anderen« dem Multitasking gewichen. Darum erleben Kinder auch selten Vorbilder für Schritt-für-Schritt-Vorgehensweisen. Zudem haben sie von klein auf so viele Spielsachen, dass ihr Ordnungssinn überfordert und das Aufräumen erschwert werden.

POSITIVE LERNEFFEKTE DURCH GESELLSCHAFTSSPIELE

Auch das Spielverhalten hat sich verändert: Kinder hecken kaum noch Pläne aus für Rollenspiele wie Cowboy und Indianer oder Vater, Mutter, Kind. Und weil das Spielen auf der Straße heute als gefährlich gilt, werden sie im Freien intensiv beaufsichtigt. Das verhindert möglicherweise Unfälle, aber auch Selbstwirksamkeitserfahrungen. Kinder lernen so nicht, auf sich selbst aufzupassen und achtsam zu handeln. Und schließlich spielen Kinder heute eher elektronische statt Gesellschaftsspiele.

Dabei entwickeln Kinder gerade bei Brett-, Würfel- oder Kartenspielen wichtige Grundsätze des Lernverhaltens: Es gibt eine bestimmte Reihenfolge; man kann nicht ziehen, wann man Lust hat. Die Reihenfolge wird vom Uhrzeigersinn bestimmt – in unserer Kultur die Lese- und Schreibrichtung. Von links nach rechts verläuft zugleich das mathematische Plus; jedes Lineal, jeder Zahlenstrahl, jede Mess- oder Wiegeskala nimmt nach rechts hin zu. Wer das nicht durch Spielerfahrungen im Körperschema verinnerlicht hat, weist in der Schule ein höheres Risiko für Lernschwächen auf. Außerdem merken Kinder bei Gesellschaftsspielen, dass sie nur Spaß bringen, wenn sich alle an die Regeln halten.

Und die vielleicht wichtigste Erfahrung überhaupt: Man verliert im Durchschnitt häufiger, als man gewinnt (außer beim Spiel zu zweit, wo die Gewinnchance 1:1 beträgt). Da Spielen trotzdem Spaß macht, übt man sich im Ertragen von Niederlagen. Das ist sehr hilfreich, wenn das Lernen schwierig wird und Durchhaltevermögen erfordert.

Das Spielverhalten ist also ein Muster fürs Lernverhalten, das wiederum den entscheidenden Unterschied zwischen erfolgreichen und weniger erfolgreichen Schülern ausmacht. Wer planvoll spielen kann, organisiert auch seine Hausaufgaben ökonomischer. Bevor wir ein Gesellschaftsspiel spielen, müssen wir Material vorbereiten und Karten oder Setzsteine verteilen. Bei den Hausaufgaben entspricht das dem Bereitlegen der benötigten Schreibutensilien, Hefte und Bücher. Clevere Spieler entwickeln eine Strategie, um bessere Gewinnchancen zu haben; clevere Lerner entwickeln Strategien für erfolgreiches Lernen.

SCHULERFOLG DANK GEZIELTER INDIVIDUELLER STRATEGIEN

Ein Beispiel dafür ist das Packen des Schulranzens. Wer es gut kann, vergisst keine Bücher und Hefte und vermeidet damit Probleme in der Schule. Eine Checkliste hilft dem Schulkind, Punkt für Punkt an alle Utensilien zu denken. Mäppchen: Farbstifte, Bleistift, Füller, Ersatzpatrone, Spitzer, Radiergummi. Hefte und Bücher: Fach für Fach nach dem Stundenplan für den nächsten Tag. Sonstiges: Zeichenwerkzeug, Turnbeutel etc.

Diese Strategie verinnerlichen Kinder, wenn man sie zu Hause einige Wochen lang konsequent mit ihnen einübt. In der ersten Woche lesen Vater oder Mutter die Checkliste vor, das Kind bestätigt jeden kontrollierten Punkt mit »okay«. In der zweiten Woche liest das Kind die Liste selber laut vor und bestätigt wieder Punkt für Punkt, während Vater oder Mutter lediglich aufpassen. In der dritten Woche benennt das Kind einfach Punkt für Punkt die eingepackten bzw. kontrollierten Dinge laut Liste in Anwesenheit eines Elternteils. In der vierten Woche vollzieht sich der Vorgang flüsternd, in der fünften still. Ab der sechsten Woche brauchen Eltern nur noch sporadisch zu kontrollieren.

Für das Lösen von Sachaufgaben in Mathematik gibt es folgende Schritte, die das Kind zu Hause laut benennen soll und genauso einüben kann wie das Packen des Ranzens: Aufgabe leise und laut lesen, mit eigenen Worten wiedergeben, dann als Strichmännchen-Skizze darstellen. Anschließend Frage formulieren (Was ist gegeben, was ist gesucht?), Rechenansatz hinschreiben, ausrechnen, Probe durchführen, Lösungssatz formulieren – und sich selbst loben.

Ob für das Schreiben eines Aufsatzes, das Lernen von Vokabeln oder das Einmaleins-Training – für jede Lernaufgabe gibt es Strategien, die in der Regel im Unterricht vermittelt werden. Die Lehrerin hat allerdings nicht die Zeit, mit einzelnen, kognitiv impulsiven Kindern die Strategie über Wochen hinweg einzuüben. Wo Eltern das auch nicht leisten können, helfen Beratungslehrer, Schulpsychologen oder Lerntherapeuten, die Aufmerksamkeitstrainings anbieten. Schließlich kann auch der Kinderarzt Verhaltenstherapeuten nennen, zu deren Repertoire das sogenannte Reflexivitätstraining gehört.

Müssen Lehrer Kinder wirklich mögen?

Manchmal fühlen sich Kinder schon bei kleinsten Anlässen vom Lehrer abgelehnt. Statt sich spontan mit ihrem Kind zu solidarisieren, sollten Eltern dann eher eine offene Aussprache suchen

»Mama, die Lehrerin mag mich nicht!« Chrissie schaut ihre Mutter mit traurigen Augen an. So etwas rührt natürlich, und so nimmt Sabine Kraus ihr Töchterchen erst einmal tröstend in die Arme.

Was aber soll sie darüber hinaus sagen oder gar tun? Die Mutter weiß natürlich, dass Kinder manchmal schon bei Nichtigkeiten extrem reagieren. Wer weiß, was hinter Chrissies Aussage wirklich steckt? Eine voreilige Aktion wäre sicherlich nicht hilfreich. Doch andererseits befürchtet Sabine Kraus auch, das Nicht-Mögen könnte mit schlechten Noten oder anderen Formen der Benachteiligung ihres Kindes einhergehen – und das will sie natürlich nicht. Am Ende ihrer Überlegungen stellt sie sich die Frage: Kann es überhaupt sein, dass eine Lehrerin ein Kind nicht mag?

Wer sich für ein Lehramtsstudium entscheidet, weiß natürlich, dass er oder sie mit Kindern arbeiten wird. Doch eine selbstkritische Prüfung der Frage, ob man Kinder mag, wird nicht überall vorausgesetzt. An manchen Hochschulen gibt es vorab ein Beratungsgespräch oder einen Fragebogen. Freiwillig kann jeder eine solche Selbstprüfung anonym im Internet vornehmen, zum Beispiel mit dem Suchbegriff »Fit für den Lehrerberuf«.

Aber: Es gibt kein Instrument, das interessierte Bewerber wegen Zweifeln an ihrer menschlichen Eignung vom Lehramtsstudium ausschließt. Wie wollte man auch sicher vorhersagen, wie sich die jungen Leute entwickeln werden?

Die allermeisten Lehrerinnen und Lehrer mögen grundsätzlich Kinder und Jugendliche. Chrissies Lehrerin an der Grundschule gehört mit Sicherheit dazu. Doch wer kann schon alle Kinder einer Klasse sympathisch finden? Natürlich empfinden Erwachsene für verschiedene Kinder eine unterschiedlich ausgeprägte Zuneigung. Zum professionellen Selbstverständnis des Lehrerberufs gehört es allerdings, diese Unterschiede wahrzunehmen, reflektiert damit umzugehen und allen Kindern gerecht werden zu wollen.

Chrissie erzählt ihrer Mutter, dass sie der Lehrerin ein in ihrer Freizeit gemaltes Bild übergeben habe. »Die hat es aber einfach nur aufs Pult gelegt und nicht einmal mitgenommen«, erzählt das Mädchen traurig. Sie verstand ihr Bild als eine Art Geschenk und Sympathiebeweis – und fühlte sich abgewiesen.

SCHLECHTE NOTEN FÖRDERN DAS GEFÜHL DER ABLEHNUNG

Andere Kinder fühlen sich benachteiligt, wenn sie schlechtere als die erwarteten Noten bekommen. Dann haben sie subjektiv das Gefühl, sich sehr angestrengt zu haben, also ist es für sie offensichtlich, dass die Lehrerin sie nicht mag. Beurteilungen empfinden Kinder im Grundschulalter fast immer nach dem Muster: Gute Noten, gutes Kind – schlechte Noten, schlechtes Kind.

Als ungerecht können Noten auch erlebt werden, wenn die Leistung im Vergleich zu Mitschülern besser zu sein scheint, als die Note es aussagt. Natürlich unterlaufen Lehrerinnen manchmal Fehler beim Korrigieren, doch darf man hier weder Absicht unterstellen, noch muss der Vergleich der Kinder untereinander korrekt gewesen sein. Andere »Beweise« für eine Ablehnung sehen Kinder darin, dass sie sich zu selten drangenommen fühlen oder von der Lehrerin kritisiert werden.

Lehrerinnen und Lehrer wissen, wie wichtig ein gutes Klassenklima für Kinder ist. Nur wer sich wohlfühlt, kann erfolgreich lernen. Doch manche Kinder fühlen sich auf Kosten anderer wohl und müssen noch üben, sich auch nach den Bedürfnissen der Klassengemeinschaft zu richten. Das ist selbstverständlich mit Zurechtweisungen und mancher Frustration verbunden.

Auch dass Noten nicht immer nur sehr gut ausfallen können, muss ein Kind verkraften lernen, denn das ist dem System der Ziffernbenotung geschuldet und hat am wenigsten mit fehlender Zuneigung der Lehrer zu tun. Und dass Chrissies Lehrerin bei 26 Kindern in der Klasse nicht immer ausreichend Zeit findet, jedes einzelne gebührend zu beachten, ist zwar enttäuschend, aber eben Realität.

WICHTIG IST EIN INTENSIVES GESPRÄCH MIT DEM KIND

Genau das ist auch der Punkt, über den Sabine Kraus mit ihrer Tochter redet: Sie versucht ihr verständlich zu machen, wie wenig Zeit eine Lehrerin pro Kind hat. Im Unterricht muss sie zudem auch dann die ganze Klasse im Blick behalten, wenn sie sich mit einem einzelnen Kind befasst.

Doch solches Argumentieren erreicht gerade jüngere Kinder nicht immer. Ihre Gefühle lassen sich kaum mit Sachargumenten beeinflussen, denn ihre egozentrische Sicht der Welt haben sie im Grundschulalter noch längst nicht völlig überwunden – und brauchen dafür viele Erfahrungen im Umgang mit Menschen.

Darum lässt Sabine Kraus Chrissie einfach erzählen und ihre

Enttäuschung in Worte fassen, ohne ihr eine falsche Sicht der Dinge vorzuwerfen. Dann fragt sie behutsam, wie die Lehrerin denn bisher auf ihre Hausaufgaben und Antworten im Unterricht reagiert habe. Bald merkt das Kind selbst, dass die Lehrerin sie häufig lobt, anlächelt oder ein nettes Wort für sie hat – und akzeptiert, dass ihre Lehrerin heute wohl einfach nur gestresst war.

Für Chrissie ist die Welt damit wieder fast in Ordnung. Vom Angebot ihrer Mutter, mit der Lehrerin zu reden, möchte sie jetzt keinen Gebrauch mehr machen. Dass ihre Mutter so besonnen reagierte, die Gefühle ihres Kindes akzeptierte und Verständnis für beide Seiten zeigte, hat dem Mädchen geholfen, seine ursprüngliche Perspektive zu überwinden und eine neue, eigene Haltung zu entwickeln. Voreilige Parteinahme für das Kind und einseitig kritische Äußerungen in Richtung der Lehrerin hätten dagegen Chrissies Egozentrismus nur verstärkt.

Wo die Frage, ob eine Lehrerin das Kind mag oder nicht, nicht so einfach zu klären ist, sollte ein Gespräch in der Schule stattfinden. Solange Eltern dann einfach berichten, was ihr Kind erzählt hat und wie es empfindet, werden sie in der Regel auf Entgegenkommen stoßen. Im Normalfall heißt es dann beispielsweise: »Da muss ich noch mal mit Ihrem Kind sprechen – so habe ich das doch gar nicht gemeint!«

Mit viel Geduld und Spucke

Manchmal stehen sich Kinder selbst im Weg. Dann kommt es darauf an, ihnen Erfolgserlebnisse zu vermitteln, um aus der Frustrationsfalle herauszufinden.

Thorsten besuchte die dritte Klasse, als ich ihn und seine Eltern erstmals beraten habe. Er war ein helles Köpfchen – aber unglaublich schnell frustriert. Kaum sah eine Textaufgabe in Mathe schwierig aus, verzweifelte er schon:»Ich kann das nicht!« Machte man ihn auf einen Fehler aufmerksam, brach er in Tränen aus oder schmiss wütend sein Mäppchen durchs Zimmer. Im Alltag zeigte er ähnliche Reaktionen, etwa wenn er bei einem Gesellschaftsspiel verlor oder im Supermarkt die Süßigkeit nicht bekam, die er unbedingt wollte.

Eigentlich ist es menschlich, bei kleinen Niederlagen Frust zu schieben oder traurig zu sein. Jede Enttäuschung konfrontiert kleine Kinder mit der Tatsache, dass sie nicht alle Wünsche erfüllt bekommen und nicht alle Ziele erreichen. Im dritten Schuljahr jedoch sollte ein Kind Frustrationen in gewissem Maße aushalten und verarbeiten können. Thorsten konnte das nicht altersgemäß – ihm fehlte es an Frustrationstoleranz.

Mit diesem Begriff bezeichnen Psychologen die Fähigkeit, Enttäuschungen zu ertragen, ohne aggressiv (mit Wut) oder depressiv (mit Weinen) zu reagieren. Aus mehr als 50 Jahren psychologischer Forschung zu diesem Thema wissen wir, dass diese Fähigkeit der Schlüssel dazu ist, Begabung in Leistung umzusetzen. Mehr noch: Vierjährige Kinder, die in der Lage sind, auf eine Belohnung zu warten, sind später nicht nur erfolgreicher in der Schule als ihre ungeduldigen Altersgenossen, sondern sie sind auch beliebter bei ihren Kameraden, machen im Beruf eher Karriere als die anderen und fühlen sich ausgeglichener und zufriedener.

WICHTIG SIND KLARHEIT UND KONSEQUENZ

Fehlt es jedoch an Frustrationstoleranz, können selbst Hochbegabte ihre Fähigkeiten nicht angemessen umsetzen. Genau so erging es Thorsten. Er stand sich selbst im Weg. Sein rasches Verzweifeln schon bei kleinsten Widrigkeiten führte zu schnellem Aufgeben. So wurde aus »Ich kann das nicht« bald »Ich hab doch gewusst, dass ich das nicht kann«. Er entwickelte also Misserfolgs-Überzeugungen, die die Anstrengungsbereitschaft blockieren. Warum soll ich mich anstrengen, wenn ich sowieso weiß, dass ich das nicht hinbekomme?

Es lohnt sich, Kinder von klein auf zur Geduld zu erziehen. Wir müssen ihnen nur regelmäßig erklären, warum sie beispielsweise die Süßigkeit im Supermarkt und vor dem Essen nicht bekommen, als Extra danach aber sehr wohl. Und wir müssen es aushalten, dass ein Kind darauf zunächst trotzig, wütend oder weinend reagiert. Es braucht unsere geduldige Ermutigung, um selbst Geduld zu lernen.

Frustrationstoleranz kann man in jedem Lebensalter üben. Für Kinder und Jugendliche sind Gesellschaftsspiele ein optimales Trainingsfeld: Man muss warten, bis man an die Reihe kommt. Man muss Regeln einhalten. Und vor allem lernt man, dass man öfter verliert als gewinnt. Trotzdem macht es Spaß zu spielen – schließlich schmeckt ein Sieg viel köstlicher, wenn er nicht der Normalfall ist. Auch Geschicklichkeitsspiele und Jonglage lassen Kinder rasch begreifen, dass ausdauerndes Üben Fortschritte bringt und sich lohnt.

Am wichtigsten ist allerdings eine Erziehungshaltung, die

von Klarheit und Konsequenz geprägt ist. Beispielsweise ist es sinnvoll, feste Zeiten für Fernsehen und Computerspiele festzulegen, mit denen Eltern allerdings auch konsequent umgehen müssen. Kinder gewöhnen sich auf diese Weise am leichtesten daran, dass Regeln einzuhalten sind. Diese Haltung sollte gepaart sein mit Begründungen und Ermutigung – schließlich soll das Kind ja nicht nur vereinbarte Regeln einhalten, sondern auch die Chance haben, seinen Gestaltungsspielraum nach und nach zu erweitern.

SICH SCHRITT FÜR SCHRITT DEM ZIEL NÄHERN

In Thorstens Fall gelang es, seine Eltern von einem regelmäßigen wöchentlichen Spieleabend zu überzeugen. So übte er nicht nur Frustrationstoleranz durch Gesellschaftsspiele, sondern kam auch besser mit Mutter und Vater ins Gespräch. Beim Spiel konnte er einfach leichter über seine Lernprobleme reden als beim Mittagessen oder während der Hausaufgaben.

Darüber hinaus half es Thorsten, seine Hausaufgaben in kleine Portionen von etwa fünf Minuten einzuteilen. Für jedes erledigte Päckchen notierte er sich einen Smiley – den er gegen eine Belohnung eintauschen konnte. Dabei handelten er und seine Mutter immer wieder aus, ob es nun eine kleine schnelle Belohnung sein sollte oder ob er die Smileys für eine große Sache sparen wollte. Die Radtour mit seinem Vater inklusive Übernachtung in der Jugendherberge war als große Belohnung sehr erfolgreich – vier Wochen lang sparte Thorsten seine Smileys dafür!

Nach und nach vermittelte ich Thorsten und seinen Eltern Tipps, wie sie das Lernen mit noch mehr Spaß verknüpfen konnten: Übungswörter fürs Diktat schrieb er erst mit dem Finger in die Luft und buchstabierte sie dabei, bevor er sie ins Heft übertrug. Und wenn seine Mutter ihn das Einmaleins abfragte, warf sie ihm mit der Aufgabe einen Ball zu, den er mit der Lösung zurückwarf.

Nach ein paar Wochen kam Thorsten mit einem breiten Grinsen im Gesicht zur Beratung und sagte: »Mit Geduld und Spucke fängt man eine Mucke.« »Nanu«, gab ich zurück, »was soll das denn bedeuten?« Er erzählte, dass er gestern gemeinsam mit seiner Mutter versucht hatte, eine Fliege zu fangen. Nach einigen Fehlversuchen sagte die Mutter diesen Spruch. Darüber mussten beide so lachen, dass sie beinahe Bauchschmerzen bekamen. Offenbar hatte Thorsten Spaß daran gefunden, mit Geduld und Spucke zum Ziel zu kommen.

Schule mal anders

Ohne Schulbuch und im Team: Während der Projektwoche lernen Schüler eine Menge – fächerübergreifend und ganz praktisch!

»Hast du deinen Schulranzen schon gepackt?«, fragt Sabrinas Mutter am Sonntagabend. »Das brauche ich nicht«, antwortet die Drittklässlerin, »wir haben doch ab morgen Projektwoche.«

Projektwoche? Was soll das sein? Lernen die Kinder dabei überhaupt etwas, wenn sie ohne ihre Bücher in die Schule gehen? Das fragt sich sicherlich nicht nur Sabrinas Mutter. Unterricht ohne Deutsch, Mathe und all die anderen Fächer ist für viele Eltern eine seltsame Vorstellung.

Dabei gab es in unserer eigenen Schulzeit schon etliche Schulen mit Projektunterricht, denn diese über 100 Jahre alte Methode erlebte seit den frühen 70er-Jahren einen rasanten Aufschwung. Erziehungswissenschaftler beklagten damals die einseitige »Verkopfung« von Schule und suchten nach Wegen, mehr Lebensnähe in den Unterricht zu bringen.

Projekte sind Ziele, die die Kinder in Gruppen gemeinschaftlich innerhalb einer vorgegebenen Zeit erarbeiten. Sabrina beispielsweise hat sich entschieden, im Rahmen der Projektwoche bei der Kochgruppe mitzumachen: Jeden Tag werden die Kinder ein gesundes Essen zubereiten, die Zutaten und ihre Herkunft genau kennenlernen, das richtige Putzen und Schneiden von Gemüse üben und sich mit Küchengeräten, Herd und Backofen vertraut machen. Andere Gruppen werden einen Erste-Hilfe-Kurs absolvieren, sportlich aktiv sein oder ein Kräuterbeet anlegen, denn des Oberthema der Woche heißt »Gesund leben«. Auch ein passendes Theaterstück soll aufgeführt werden, wenn am Samstag Schulfest ist und die Kinder ihre Arbeit präsentieren.

FÄCHERÜBERGREIFEND ARBEITEN

Thematisch gibt es keine inhaltlichen Grenzen: »Indianer«, »Europa«, »Alte Spiele«, »Wasser« – alles ist möglich. Die Themen sollten aus dem Interessenbereich der Kinder stammen, damit deren Motivation möglichst hoch ist. Viele Lernbereiche werden dabei auf ein Thema hin zusammengefasst: Sabrina wird Rezepte lesen und in Pflanzenbüchern Informationen suchen; sie muss die Zutatenmenge berechnen und lernt einiges, was auch im Lehrplan für den Sachunterricht steht. Außerdem wird für die Präsentation eine Speisekarte geschrieben und künstlerisch ausgestaltet.

Fächerübergreifendes Arbeiten, altersgemischte Gruppen und praktisches Tun sind Kennzeichen der Projektmethode. Auch die Offenheit der Situation, die ein gemeinsames Entwickeln von Ideen und Plänen zum Erreichen des Ziels erfordert, gehört dazu; das entspricht der Aufgabe von Schule, Kinder zu demokratischen und kooperativen Verhaltensweisen zu erziehen.

Projekte müssen übrigens nicht nur in einer eigenen Woche stattfinden, oft am Ende des Schuljahres, wenn ohnehin nicht mehr viel läuft. Sie lassen sich auch in den normalen Unterrichtsalltag integrieren. Oftmals werden dabei Lernorte außerhalb der Schule aufgesucht, denn die Projektmethode fördert das Lernen fürs Leben.

Wenn Unterricht ausfällt

Hitze, Krankheit, Schneechaos – Schulunterricht kann aus akzeptablen Gründen ausfallen. Andere Ursachen hingegen müssen Eltern nicht einfach hinnehmen

Pausen und Ferien sind für viele Kinder das Beste an der Schule – und auch wenn »Hitzefrei« ihnen Unterrichtsausfall beschert, genießen sie die zusätzliche und unverhoffte Freiheit von Lernpflichten.

Eltern haben natürlich einen anderen Blickwinkel: Schule soll ihren Kindern Bildung vermitteln, ihnen das Rüstzeug fürs spätere Erwachsenenleben mitgeben. Unterrichtsausfälle, so fürchten sie, könnten ihre Zukunftschancen schmälern, zumindest jedoch das Erreichen guter Noten behindern. Treten Ausfälle gehäuft auf, gelten sie daher gemeinhin als großes Ärgernis.

MANCHE URSACHEN SIND HAUSGEMACHT

Verständnis haben wohl alle Eltern für Fälle höherer Gewalt: Bei extremem Schneefall oder Sturm wird der Unterrichtsausfall für die betroffene Region sogar offiziell über die Verkehrsnachrichten verkündet.

In begrenztem Maße haben wir auch Verständnis bei Krankheitsfällen – fragen uns dann aber schon, warum es keine Vertretung gibt. Bei einer durchschnittlichen Krankheitsquote von fünf Prozent müssten die Kommune bzw. das Land als Schulträger zumindest eine entsprechend große, flexibel verfügbare Personalreserve vorhalten. Geschieht dies nicht, spricht man von

»strukturellem Unterrichtsausfall«. Dazu kommt es auch, wenn es für Mangelfächer wegen einer verfehlten Einstellungspolitik zu wenige Lehrkräfte gibt.

Gegen ungeplante Ausfälle ist jedoch niemand gefeit. Auch »Springer« sind nicht immer verfügbar, wenn sich eine Lehrerin morgens um halb acht wegen einer akuten Erkrankung abmelden muss.

Von den Schulministerien geradezu geplant allerdings sind Unterrichtsausfälle aufgrund von Konferenzen, Fortbildungen, Prüfungen oder Betriebspraktika. Auch sie lassen sich ohne Vertretungsreserve nicht auffangen. Viele Eltern gehen – fälschlicherweise – davon aus, dass die Schulen für diesen Missstand verantwortlich seien.

Besonders ärgerlich ist verschleierter Unterrichtsausfall. Der liegt vor, wenn der Stundenplan des Kindes weniger Stunden enthält, als von der Stundentafel des Ministeriums vorgesehen. Das passiert meist dann, wenn einer Schule Lehrerstunden unter dem tatsächlichen Bedarf zugewiesen werden. Eltern merken das in der Regel nur, wenn sie die offizielle Stundentafel kennen.

SCHULEN BEMÜHEN SICH UM EINEN AUSGLEICH

Schulen managen Unterrichtsausfälle nach besten Kräften mit den ihnen zur Verfügung stehenden Mitteln. Wo es keine Vertretungsreserve gibt, bleibt ihnen bei ungeplantem Ausfall nichts anderes übrig, als eine Klasse aufzuteilen und die Kinder in Parallelklassen unterzubringen – wo sie im besten Fall sogar das Gleiche lernen können wie im normalen Unterricht. Kleine Schulen müssen die Kinder in verschiedenen Klassenstufen unterbringen, wo sie still arbeiten sollen – Ablenkung durch den laufenden Unterricht ist dabei unvermeidlich.

Manchmal übernimmt eine Lehrkraft die Aufsicht über zwei (Nachbar-)Klassen und pendelt zwischen den beiden Räumen hin und her – in solchen Fällen ist natürlich nur Stillarbeit möglich. Fallen Randstunden am Ende des Vormittags aus, dürfen Grundschulkinder nur dann früher nach Hause geschickt werden, wenn dies den Eltern vorab mitgeteilt worden ist.

Grundsätzlich dürfen Schulleiter Mehrarbeit für ihre Lehrkräfte anordnen und tun das auch in verantwortlicher Weise. Eine dauerhaft erhöhte Arbeitsbelastung steigert aber auch das Erkrankungsrisiko – und kann so in einen Teufelskreis münden.

Die Folgen langfristiger Ausfälle haben Kinder bei einem Schulwechsel bzw. dem Übergang auf eine weiterführende Schule auszubaden. Besonders gravierend ist der verschleierte Unterrichtsausfall – betroffene Schüler erhalten schlicht weniger Unterricht, als ihnen zusteht.

Klar ist: Schulen können ihren Auftrag nur dann ausreichend erfüllen, wenn ihr Lehrerstundenbedarf mit etwa 105 Prozent gedeckt wird. Doch: Vertretungsunterricht ist durchaus nicht immer vollwertig! Bei Mangelfächern werden Vertretungsstunden oft fachfremd erteilt, weil keine Fachkraft vorhanden ist.

AKTIONEN VON ELTERN FÜHREN OFT ZUM ERFOLG

Sind Eltern mit der Unterrichtsversorgung ihres Kindes unzufrieden, sollten sie zunächst mit der Schulleitung sprechen, am besten gemeinsam mit den gewählten Elternvertretern. Schulleiter können jedoch auch bei gutem Willen nur so viele Unterrichtsstunden abdecken, wie ihnen zur Verfügung stehen.

Eltern können sich mit ihrer Beschwerde außerdem an die zuständige Schulbehörde wenden. Oft ist es sinnvoll – und auch erfolgversprechend –, solche Aktionen in Abstimmung mit der regionalen Elternvertretung oder der Landeselternvertretung anzugehen.

Wegen Lerndefiziten seines Kindes in Panik zu verfallen ist jedoch unnötig. Lernforscher gehen davon aus, dass Schüler ohnehin außerhalb des Unterrichts mehr lernen als in der Schule selbst. Eine private Lerngruppe, in der Freunde selbstständig miteinander üben, stärkt die Motivation und ist effektiver als Nachhilfe.

Hausaufgaben als Ersatz für ausgefallene Stunden einzusetzen ist jedoch nicht erlaubt, weil sie grundsätzlich im Zusammenhang mit dem erteilten Unterricht stehen müssen. Außerdem gibt es festgelegte Höchstzeiten, die auch dann nicht überschritten werden sollen, wenn es Unterrichtsausfälle gab.

Wenn Eltern selbst etwas dazu beitragen wollen, Unterrichtsausfälle auszugleichen, sollten sie mit ihrem Kind Dinge unternehmen, die sein Interesse wecken. Dabei helfen Museumsbesuche, Zeitschriften, Bücher, Lernspiele, Internetangebote und vieles mehr.

Denn so viel ist klar: Die Lernmotivation ist am Ende bedeutsamer für den Schulerfolg als die Zahl der erteilten Unterrichtsstunden.

Ab in die Ecke!?

Wenn Schüler den Unterricht stören, müssen Lehrer reagieren.
Die Frage ist nur: Wie?

Mussten Sie als Schulkind mal in der Ecke stehen? Ich habe sogar noch Ohrfeigen und den Rohrstock meines Grundschullehrers kennengelernt; das war zu Beginn der 1960er-Jahre. Seit November 2000 heißt es jedoch im Bürgerlichen Gesetzbuch: »Kinder haben ein Recht auf gewaltfreie Erziehung. Körperliche Bestrafung, seelische Verletzungen und andere entwürdigende Maßnahmen sind unzulässig« (BGB, §1631,2). Das gilt für Erzieherinnen und Lehrer genauso wie für Eltern.

Wenn Kinder sich gegen die vereinbarten Regeln verhalten, andere stören, Sachen kaputt machen oder sogar jemanden körperlich angreifen, dann müssen Pädagogen reagieren, denn sie haben gleichrangig neben dem Bildungsauftrag auch einen Erziehungsauftrag zu erfüllen. Es ist ihre Pflicht, allen Kindern ein erfolgreiches Lernen zu ermöglichen. Dafür stehen ihnen verschiedene Handlungsmöglichkeiten zur Verfügung.

Sogenannte Erziehungsmaßnahmen sind beispielsweise das Gespräch, Ermahnungen, eine Nachricht an die Eltern, der Eintrag ins Klassenbuch, eine Auszeit in der Nachbarklasse oder das Nacharbeiten von Unterrichtsstoff am Nachmittag. Reines Nachsitzen ohne Bezug zum Unterricht ist jedoch nicht erlaubt, weil das – wie früher der Karzer – eine Maßnahme des Freiheitsentzugs wäre und die Persönlichkeitsrechte des Kindes verletzt. Auch eine mechanische Strafarbeit, beispielsweise fünfzig Mal den gleichen Satz zu schreiben, berührt die Menschenwürde, ein Aufsatz zur Erklärung eines Fehlverhaltens jedoch nicht. Das Abnehmen unerlaubter Gegenstände (Spielsachen, Handy usw.) ist Lehrkräften möglich; sie müssen diese allerdings kurzfristig wieder an die Kinder oder deren Eltern aushändigen.

Ziel solcher Aktionen ist es stets, unerwünschtes Verhalten nicht nur zu beenden, sondern Einsicht zu wecken und gegebenenfalls auch die Wiedergutmachung von Unrecht zu erreichen. Eltern können sich zwar wegen einer Erziehungsmaßnahme beschweren, sie aber nicht einfach aussetzen.

ELTERN MÜSSEN INFORMIERT WERDEN

Im Gegensatz dazu sind sogenannte Ordnungsmaßnahmen formale Verwaltungsakte. Dazu zählen der Verweis durch die Schulleitung, die (vorübergehende) Versetzung in eine Parallelklasse oder die Androhung bzw. Anordnung eines zeitweisen oder endgültigen Schulausschlusses. In solchen Situationen haben die Erziehungsberechtigten immer ein Anhörungsrecht und können Widerspruch einlegen. Die Schule muss Eltern über diese Rechte informieren.

Viel besser ist es natürlich, wenn Schule und Elternhaus stets so gut miteinander im Gespräch sind, dass es gar nicht erst zu gravierenden Auseinandersetzungen kommt. Selbstdisziplin lässt sich mit Strafen ohnehin nicht erzwingen; sie erfordert immer den vertrauensvollen Dialog auf allen Ebenen.

Pausen-
hof & Co.

»Hallo, ich bin der Neue«

*Sich als einzelnes Kind neu in eine bereits bestehende Klassen-
gemeinschaft integrieren – au Backe! Doch keine Sorge: Gut vorbereitet gelingt der Wechsel*

Fast hätte mein Herzklopfen das Pochen meiner Handknöchel
an der Tür übertönt. »Guten Tag«, sagte ich nach dem Eintreten,
»ich bin neu hier an der Schule und soll in diese Klasse kommen.« Ich war so nervös, dass ich kaum den Reißverschluss meiner Jacke aufbekam, und wurde knallrot im Gesicht, als einige
Schüler deswegen kicherten. Nachdem der freundliche Klassenlehrer mir einen Platz zugewiesen hatte, war ich heilfroh, nicht
mehr im Mittelpunkt der Aufmerksamkeit zu stehen.

Damals war ich 15. Wie mag es dann erst jüngeren Kindern
bei einem Schul- oder Klassenwechsel gehen, Kindern, die oft
über noch weniger Mut und Selbstbewusstsein verfügen als ein
Halbwüchsiger?

Bereits bei der Einschulung ist ein Kind in einer neuen Situation, aber da teilt es seine Aufregung mit allen anderen. Vergleichbar ist die Situation beim Start in die weiterführende
Schule. Auch hier ist jeder neu. Erleichternd kommt für manche
Kinder hinzu, dass sie schon jemanden kennen, der mit ihnen
gemeinsam von der gleichen Grundschule kommt.

Aber ganz anders erlebt ein Kind die Situation, in der es als
einzelnes auf eine bereits bestehende Klassengemeinschaft
trifft. Das stellt einen nicht unerheblichen Stressfaktor dar, der
die Aufnahme- und Lernfähigkeit des Kindes über mehrere Wochen hinweg beeinträchtigen kann.

ES GIBT VIELE GUTE GRÜNDE FÜR EINEN WECHSEL

Man hat natürlich keine Wahl bei einem Umzug, durch den die alte Schule nicht mehr erreichbar ist. Doch es gibt auch andere Gründe:

- Noah soll auf die Waldorfschule wechseln, weil er in der dritten Klasse mit den höheren Anforderungen und den Noten nicht zurechtkommt.

- Kerstin möchte zum achten Schuljahr in ein anderes Gymnasium gehen, weil sie doch lieber eines mit naturwissenschaftlichem Profil besuchen möchte. Ihr ist klar geworden, dass sie Chemie und Physik interessanter findet als Sprachen.

- Chiara hält es in ihrer Klasse nicht mehr aus, weil sie massiv gemobbt wird und die Lehrerinnen hilflos sind. Da sich die Situation an der kleinen Grundschule kaum ändern wird, wenn sie in die Parallelklasse wechselt, bleibt nur eine andere Schule.

- Alexander hat die Versetzung nicht geschafft. Er muss wohl oder übel »wiederholen« – und versucht, den peinlichen Neustart mit Coolness zu überspielen.

- Fiona ist ihren Klassenkameradinnen und -kameraden in allen Fächern so weit voraus, dass sie zur Mitte des zweiten Schuljahrs ins dritte wechseln soll.

VERTRAUEN HILFT DEM KIND, SCHNELL FUSS ZU FASSEN

»Wie wird es meinem Kind in der neuen Klasse ergehen?«, fragen sich viele Eltern in dieser Situation. Wenn sie bereits vor dem Wechsel das Wenn und Aber gründlich durchdacht und wichtige Aspekte in Gesprächen mit den Lehrern und dem Kind erörtert haben, müssen sie sich keine großen Sorgen machen.

Noahs Eltern kennen die Waldorfschule, seine Mutter hat dort sogar Abitur gemacht. Sie sind sich sicher, dass er in der Regelschule unter dem Notenwettlauf sehr leiden würde – mehr als unter ein paar Wochen Eingewöhnung in die neue Umgebung.

Kerstins Eltern haben mit ihrer Tochter gründlich diskutiert und festgestellt, dass sie schon sehr genau weiß, was sie will. In Chiaras Fall haben viele Gespräche mit der Klassenlehrerin und dem Schulleiter den Eltern gezeigt, dass diese Schule leider nicht in der Lage ist, Mobbing unter Kindern Einhalt zu gebieten. An der neuen Schule begegnete man ihnen mit Verständnis und versprach, ein Auge auf das Kind zu haben. Von Anfang an mit offenen Karten zu spielen war also durchaus richtig.

Alexander braucht viel Ermutigung, sowohl von seinen Eltern als auch von den Lehrern. Ein Gespräch zu dritt – Mutter, Klassenlehrer und Alexander – schafft die Basis für einen echten und entspannten Neuanfang. Auch Fiona braucht zwar Ermutigung, findet den Wechsel aber gar nicht so schlimm, weil sie nach Absprache zwischen ihren Eltern und der Schule zwei Wochen lang probeweise einzelne Unterrichtsstunden in der höheren Klassenstufe verfolgen darf. So gelingt die Integration in die neue Klassengemeinschaft schnell.

Eltern-Lehrer-Gespräche sind bei einem Klassen- oder Schul-

wechsel vor allem in den ersten Wochen hilfreich – insbesondere zum Abfedern eventueller Belastungen. Beobachtungen
auszutauschen und gemeinsam zu überlegen, wie man dem
Kind helfen kann, schnell Fuß zu fassen und sich wohlzufühlen,
fördert eine vertrauensvolle Zusammenarbeit.

Offenes Ansprechen von Besonderheiten des Kindes oder
seiner Situation hilft Lehrerinnen und Lehrern, es zu verstehen
und auf eventuell ungewöhnliche Verhaltensweisen angemessen zu reagieren.

SELBSTSTÄNDIGKEIT MACHT LEBENSTÜCHTIG

So schwer es Eltern auch fällt – sie können ihrem Kind den Anfang in der neuen Klasse nicht abnehmen. Sie können ihm noch
nicht einmal viele Ratschläge geben, denn sie sind nicht in seiner Situation. »Eure Kinder sind nicht eure Kinder«, schrieb
einst der libanesische Dichter Khalil Gibran: »Sie sind die Söhne
und Töchter der Sehnsucht des Lebens nach sich selber.« Sie
werden noch oft in ihrem Leben in neue Situationen kommen,
die sie selber bewältigen müssen.

Können Eltern sie darauf vorbereiten? Ja – indem sie sie von
klein auf zur Selbstständigkeit erziehen. Selber tun macht tüchtig, selber suchen macht findig. Kinder zu verwöhnen mag
schön sein, aber es macht nicht lebenstüchtig. »Ihr seid die Bo-
gen, von denen eure Kinder als lebende Pfeile ausgeschickt werden«, so drückt es der Dichter aus.

Es ist beileibe nicht lieblos, sein Kind tun zu lassen, was es
auch ohne fremde Hilfe tun kann. Im Gegenteil: Genau diese
Haltung ermöglicht es ihm, mit immer neuen Herausforderungen zurechtzukommen.

Schülermobbing – die »kleine Gewalt«

Ausgrenzen, anrempeln, verleumden: Mobbing hat viele Gesichter – und findet heute leider auch schon in der Grundschule statt. Was Kinder, Lehrer und Eltern dagegen tun können

»Heute schon gemobbt?«, fragt eine Putzfrau die andere. Was als argloser Witz daherkommt, ist für Betroffene alles andere als harmlos. Allerdings ist nicht jede Rangelei, jedes Ärgern und jede Schikane bereits Mobbing. Mobbing ist eine Form von Gewalt, die eher subtil ausgeübt wird und nur selten mit körperlichen Auseinandersetzungen (»Bullying«) verbunden ist. Der Pädagoge und Mobbingexperte Horst Kasper nennt sie deswegen die »kleine Gewalt«. Verletzend ist sie jedoch immer.

Mobbing wurde zunächst in der Arbeitswelt untersucht und beschrieben, doch unter Kindern und Jugendlichen scheint es noch verbreiteter zu sein. Mindestens jeder Zehnte ist davon als Opfer oder Täter betroffen, Jungen etwas häufiger als Mädchen. Man versteht darunter einen Konflikt, bei dem die gemobbte Person (seltener eine Gruppe) schwächer als die angreifende ist. Sie ist in eine unterlegene Position geraten und kann sich nicht aus eigener Kraft daraus befreien. Das Opfer wird regelmäßig (zwischen täglich und einmal pro Woche) über mehrere Monate hinweg drangsaliert.

Zum Mobben gehört das Streuen von Gerüchten und Lügen, um das Ansehen des Opfers zu beschädigen. Heutzutage geschieht das zunehmend mit Hilfe elektronischer Medien und der sozialen Netzwerke (Cyber-Mobbing), worüber auch peinliche Bilder oder Filme verbreitet werden.

Den anderen zu isolieren und auszugrenzen ist eine weitere

Verhaltensweise, manchmal sogar mit der Absicht, ihn aus der Klasse zu ekeln. Beliebte Mobbing-Methoden sind auch: Stifte zerbrechen, Ranzen auskippen, Hausaufgaben zerreißen oder die Konzentration im Unterricht durch Störgeräusche beeinträchtigen.

Und schließlich wollen Mobber ihre Opfer direkt und persönlich angreifen, indem sie sie permanent und vor anderen beleidigen oder demütigen, sie erpressen, Kleidungsstücke »abziehen« oder manchmal auch gewalttätig werden.

DIE OPFER ENTWICKELN MASSIVE SYMPTOME

Wer über Wochen oder gar Monate von solchen Verhaltensweisen betroffen ist, entwickelt sehr bald psychosomatische Symptome wie Appetitlosigkeit, Bauchschmerzen, Übelkeit oder Schlafstörungen. Auch Stottern, Konzentrations- und Leistungsabfall, Schwänzen, Depressionen und – im Extremfall – Selbsttötungsversuche können auftreten.

Wer gar ein bis zwei Jahre lang unter massivem Mobbing zu leiden hat, erkrankt meist an einer sogenannten Posttraumatischen Belastungsstörung. Oftmals bemerkt das Umfeld des Kindes nichts von den Ursachen. So kann die kaum sichtbare »kleine Gewalt« überraschend große Folgen haben.

SCHULKLIMA HAT GROSSEN EINFLUSS AUF DAS VERHALTEN

Mobbing unter Kindern und Jugendlichen tritt vorwiegend in oder um die Schule herum auf, weil dort der größte Teil ihres sozialen Lebens außerhalb der Familie stattfindet. Insofern können die Bedingungen in der Schule dieses Phänomen begünstigen oder hemmen. Hoher Leistungsdruck und Konkurrenzdenken fördern Mobbing. Klassen, in denen nichts gegen die Diffamierung guter Schüler als »Streber« unternommen wird, haben oft auch ein Mobbingproblem. Ein gutes Beziehungsklima hingegen, in dem die Schülerinnen und Schüler Wertschätzung erfahren, im Lernen ermutigt werden und demokratisch mitbestimmen dürfen, beugt jeder Art von Gewalt vor. Je mehr die Kinder erleben, dass ihre Lehrer sie persönlich wahrnehmen und sich um ihr Wohlbefinden kümmern, desto weniger hat Mobbing eine Chance.

Eltern können durch ihr Engagement viel dazu beitragen, das Beziehungsklima innerhalb der Schule zu fördern, schließlich färbt die Qualität der Eltern-Lehrer-Beziehung auf die der Kinder untereinander ab. Zudem haben Eltern Möglichkeiten, die Schule bei außerunterrichtlichen Veranstaltungen, kulturellen Angeboten und Festen zu unterstützen – all das dient dem Schulklima und damit auch der Gewaltvorbeugung.

SELBSTBEWUSSTSEIN SCHÜTZT VOR ANGRIFFEN

Wenn etwas für Mobbingopfer typisch ist, dann nicht rote Haare, Brille oder Übergewicht, sondern ein eher geringes Selbstwertgefühl. Wer sich stark fühlt, hat es weder nötig, seine Macht angeberisch zu demonstrieren, noch strahlt er Angreifbarkeit aus. Erziehung zu Selbstständigkeit von klein auf ist die beste Vorbeugung. Darüber hinaus können Eltern ihr Kind in ein Selbstverteidigungstraining schicken, denn das Bewusstsein, sich im Notfall wehren zu können, verleiht dem Kind eine Selbstsicherheit, die ausstrahlt und die es vor Anfeindungen schützt. Auch Schulprogramme wie »Klasse 2000« zeigen hier Wirkung (Infos: www.klasse2000.de).

In einer akuten Mobbing-Situation braucht ein Kind vor allem Eltern, die es ernst nehmen, die ihm zuhören und die ihm nicht gleich kluge Ratschläge erteilen, sondern mit ihm gemeinsam über Lösungen nachdenken. Gesundheitliche Probleme müssen natürlich in jedem Fall ärztlich abgeklärt werden. Vom schnellen und direkten Kontakt zum Täter oder dessen Eltern ist abzuraten. Stattdessen sollten die Eltern Klassenlehrer und Schulleitung ansprechen und sich mit ihnen über die Einschaltung des Schulsozialarbeiters, des schulpsychologischen Dienstes oder einer anderen Beratungsstelle verständigen.

Grundsätzlich braucht jede Schule ein Konzept zur Gewaltprävention, das klare Verfahrensregeln beim Auftreten eines Mobbingfalles festlegt. Ein guter Ansatz ist beispielsweise der »No Blame Approach« (Infos: www.no-blame-approach.de). Über ihre Mitwirkungsgremien in der Schule können Eltern die Einführung solcher Konzepte unterstützen.

Erziehung zur Selbstwirksamkeit

Vorbilder und ein gutes Erziehungsklima sind Bedingung dafür, dass sich Kinder mutig und selbstbewusst auch für andere einsetzen

Starke, mutige Persönlichkeiten, die sich selbstbewusst für ihre Interessen und das Wohl der Gemeinschaft einsetzen – das ist ein Erziehungsziel, über das sich Eltern, Erzieherinnen und Lehrer, eigentlich unsere ganze Gesellschaft einig sind. Wie aber lässt sich das erreichen?

Drei Beispiele:

Christine (8) steht im Schwimmbad auf dem Dreimeterbrett. Ihre Mama ruft vom Beckenrand:»Na los, jetzt spring schon!« Das Mädchen traut sich aber nicht.

Tante Ilona kommt zu Besuch. Leon (5) mag sie aber nicht. Sie hat ihm ein Geschenk mitgebracht, möchte ihn umarmen und ihm einen Kuss geben. Der Kleine wehrt sich jedoch heftig, obwohl seine Mutter ihn mahnt, er solle sich nicht so anstellen.

Als sich im Kindergarten zwei Jungen um Bauklötze raufen, kommt die gerade mal dreijährige Sofia hinzu, fasst einen der Streithähne am Arm und sagt:»Nicht hauen!«

Alle drei Beispiele haben etwas mit Mut zu tun:
Christine im Schwimmbad hat (noch) nicht den Mut zu springen. Sie kann angesichts der Höhe ihre Angst nicht überwinden.

Andererseits spürt sie die Erwartung ihrer Mutter, die sie enttäuschen muss. Auch der Mut zur Feigheit ist Mut – und manchmal sehr vernünftig.

Leon hat den Mut, entgegen den Erwartungen der Erwachsenen »Nein« zu sagen, wo es um sein Selbstbestimmungsrecht geht. Er folgt seinem Gefühl und lässt sich auch durch ein Geschenk nicht beeindrucken.

Durch ihren Schlichtungsversuch riskiert die kleine Sofia selber Schläge. Trotzdem versucht sie, die Handgreiflichkeiten zu beenden. Aber kann man das als mutig bezeichnen? Denn: Zum Mut gehört immer auch das Bewusstsein einer damit verbundenen Gefahr – und das ist bei ihr vermutlich noch nicht besonders ausgeprägt.

Wäre Sofia schon fünf, würden wir von Zivilcourage sprechen. Während Mut die Fähigkeit bezeichnet, sich etwas zu trauen, ist Zivilcourage jener Mut, mit dem Menschen sich für andere einsetzen. Es ist sozialer Mut, wenn beispielsweise ein Schüler seinem gemobbten Kameraden beisteht. Zivilcourage zeigt aber auch das Kind, das seinen Lehrer auffordert, einen Mitschüler nicht vor der Klasse lächerlich zu machen. Wer Zivilcourage zeigt, setzt sich häufig selbst einem Risiko aus. Aber wie wäre es um eine Gesellschaft ohne sie bestellt? Zivilcourage ist notwendig, wenn wir Werte wie Solidarität, Hilfsbereitschaft und Menschenwürde bewahren und mit Leben füllen wollen.

GUTE ABSICHT, KEIN ERFOLG

Ende vergangenen Jahres beobachtete ich in einem Kaufhaus, wie Eltern ihren etwa fünfjährigen Sohn mit dem Weihnachtsmann fotografieren wollten. Das Kind sträubte sich jedoch; vermutlich hatte es Angst vor dem vermummten, fremden Mann. Da schimpfte der Vater: »Jetzt stell dich nicht so an!« Er wollte seinen Sohn ermutigen, dem Weihnachtsmann zu vertrauen. Aber: Kann diese Art der Ermutigung funktionieren? »Nein, denn hier wird das Kind in seiner Angst nicht ernst genommen«, sagt Dr. Stephan Marks, Sozialwissenschaftler und Sprecher des Instituts für Menschenrechtspädagogik in Freiburg. »Wenn seine Emotion als falsch hingestellt wird, muss das Kind das, was es empfindet, von seiner Person abspalten. So entsteht ein falsches Selbst, das sich bei häufiger Wiederholung solcher Situationen als Persönlichkeitsmuster verfestigen kann.« Es ist genau jenes Persönlichkeitsmuster, das Erwachsene sagen lässt, ihre strenge Erziehung habe ihnen nicht geschadet – und das sie die erlittenen Verhaltensweisen an ihren Kindern wiederholen lässt.

Bei Christine im Schwimmbad ist zu vermuten, dass sich die Achtjährige schämt, weil sie nicht vom Dreimeterbrett gesprungen ist und vermeintlich versagt hat. Jedes »Schäm dich!« und »Stell dich nicht so an!« nötigt einem Kind noch mehr von der Scham auf, die es ohnehin empfindet, wenn es sich erwartungswidrig verhält.

Um Kinder zu starken Persönlichkeiten zu erziehen, müssen wir ihnen helfen, solche Emotionen zu verarbeiten. »Das war ein blödes Gefühl für dich, als ich ›Spring doch!‹ gerufen habe und du einfach nicht springen konntest.« Sagt die Mutter das auf dem Heimweg zu ihrer Tochter, fühlt diese sich angenommen und hat eine Chance, ihre Angst vor dem Sprung zu verarbeiten. »Kinder brauchen Unterstützung, wenn sie sich schämen«, erläutert Stephan Marks. »Wir Erwachsenen müssen ihre Gefühle annehmen und mit unseren Kindern über die Situation sprechen, damit sie diese selber verarbeiten können.« Solche Gespräche lassen sie Werte erkennen: »Ein Kind, das nie gelogen, gestohlen und Unrecht getan hat, kann kein moralischer Mensch werden.« Mit diesem Zitat des Arztes und Pädagogen Janusz Korczak macht Marks deutlich, dass Gespräche über begangenes

Unrecht das moralische Empfinden fördern – und die Entwicklung einer starken Persönlichkeit begünstigen.

Die Entwicklung einer mutigen Persönlichkeit beginnt allerdings schon in einem Alter, in dem wir noch keine solchen Gespräche mit dem Kind führen. Wenn es laufen lernt, muss es bereits Mut aufbringen, denn die aufrechte Körperhaltung beinhaltet stets das Risiko hinzufallen. Und wie oft fallen Kinder am Anfang hin! Trotzdem rappeln sie sich immer wieder auf und werden von Mal zu Mal sicherer. Unsere Freude über ihre Fortschritte bestärkt sie in ihrem Bemühen – und ermutigt sie. So machen sie früh die Erfahrung: Ich habe mich angestrengt und es geschafft!

Erfahrungen eigener Wirksamkeit machen Kinder selbstbewusst. Als Eltern unterstützen wir diese Entwicklung, indem wir den Kindern altersangemessene Möglichkeiten bieten, eigene Entscheidungen zu treffen: »Welches Kuscheltier soll mit auf die Reise?« – »Möchtest du ein Käse- oder ein Wurstbrot?« Auch die Gesprächsrunden im Kindergarten oder der Klassenrat in der Schule sind Gelegenheiten, bei denen Kinder ihre Probleme unter Anleitung selbst regeln – und so die Erkenntnis reift: Man kann immer etwas bewegen.

Allerdings werden Kinder mutlos und gelegentlich sogar aggressiv, wenn sie keine Grenzen spüren. Ermutigung und Halt durch Erwachsene schließt ein, dort Einhalt zu gebieten, wo Kinder ihre Freiheit dazu missbrauchen, die Freiheit anderer zu verletzen. Es ist auch eine Selbstwirksamkeitserfahrung, wenn Timmy einem Spielkameraden das Auto kaputt macht, dessen Traurigkeit erlebt und dann Wiedergutmachung leistet. Ebenso ist die Erfahrung wichtig, dass es Mama verletzt, wenn man sie beleidigt. Kinder müssen die Grenzen im Umgang mit Menschen nach und nach lernen, damit sie nicht grenzenlos unglücklich werden.

»Wer einem Kind die Lösung eines Problems sagt, betrügt es

um seine eigenen Erfahrungen.« Dieser Satz des Schweizer Biologen und Entwicklungspsychologen Jean Piaget ist das Leitmotiv der Selbstständigkeitserziehung. Selber tun macht tüchtig, selber stehen macht selbstständig. Aus Erfolgen wie aus Misserfolgen gewinnen wir Erfahrungen. Erfahrung lehrt mich, was ich schon kann und was noch nicht – mein Selbstbild wird zunehmend realistischer. Damit wächst auch meine Fähigkeit, Situationen ein- und Risiken abschätzen zu können, was mir hilft, bei Bedarf all meinen Mut zusammenzunehmen oder Zivilcourage zu zeigen. »Mut besteht nicht darin, dass man die Gefahr blind übersieht, sondern darin, dass man sie sehend überwindet«, schrieb Jean Paul.

Selbstständigkeitserziehung eröffnet Kindern die Chance, so viel wie möglich in eigener Verantwortung zu machen. Das »Selber will!« der Kleinen gilt es zu nutzen. Sie wollen doch ihr Brot selbst schmieren, wollen Mama und Papa helfen, wollen malen und basteln. Allerdings müssen wir darauf achten, dass sie sich dabei nicht überfordern: Will ein fünfjähriges Kind bei einer Canasta-Partie mitspielen, können wir das zulassen, um es zu beteiligen – dürfen aber nicht erwarten, dass es das Spiel beherrscht.

MUT IST MIT RISIKEN VERBUNDEN

Selbstständigkeitserziehung heißt auch, Risiken in gewissem Umfang zuzulassen. Will ein Kind auf ein Mäuerchen klettern, kann es natürlich herunterfallen. Aber nur das kletternde Kind lernt, seine Angst wahrzunehmen, zu zögern und eventuell abzubrechen oder die Angst zu überwinden. Kinder, die viel rennen, springen, klettern und toben, haben ein geringeres Verletzungsrisiko als jene, die wir von Risiken fernhalten. Das beweisen die Statistiken der Unfallversicherungen.

Selbstständigkeitserziehung bedeutet schließlich auch, Kinder ihre Konflikte möglichst selbst austragen zu lassen. Wer nicht im Sandkasten streiten darf, lernt keine Konfliktfähigkeit – die doch ein wesentlicher Teil der sozialen Kompetenz ist. Auch beim Streiten machen Kinder wichtige Erfahrungen: Abgrenzung von Interessen; Umgang mit dem Gefühl, ungerecht behandelt zu werden; körperliche und verbale Auseinandersetzungen; Aushandeln von Abmachungen und Kompromissen.

DIE ERMUTIGENDE ELTERNHALTUNG

»Ein guter Anfang für eine ermutigende Elternhaltung wäre es, das Kind in seinem Fühlen und Denken ernst zu nehmen. Wir sollten vermeiden, ihm zu signalisieren, dass es anders empfinden soll, als es empfindet«, meint Scham-Experte Stephan Marks. Das bedeutet konkret: Wenn ein Kind Angst hat, ist die Zurechtweisung »Du musst doch keine Angst haben« nicht hilfreich. Wer das Kind ernst nimmt, fragt beispielsweise: »Wie fühlt sich die Angst an? Wo in deinem Körper spürst du sie? Was willst du dagegen tun?«

Dass Kinder, die über ein realistisches Selbstkonzept verfügen, sich eher sozial engagieren und Zivilcourage zeigen, lehrt nicht nur die Erfahrung. »Die aktuelle Hirnforschung belegt, was schon Pestalozzi, Montessori und Piaget wussten«, sagt Ermutigungstrainer Oliver Hechtenberg: »Das Gehirn ist sozial. Der entscheidende Faktor für alles Lernen des Menschen ist das Beziehungsklima in Familie, Kindergarten und Schule.« Darüber hinaus brauchen Kinder Vorbilder. Eltern, die Halt geben und auch Einhalt gebieten, die Kinder beteiligen, Richtig und Falsch mit ihnen im Gespräch klären und sich selbst mutig und aktiv im gesellschaftlichen Leben einbringen, geben ein gutes Beispiel.

»Ich will hier weg!«

Die Klasse zu wechseln, wenn es Konflikte gibt, ist nicht immer die richtige Wahl. Besser ist es, die Probleme mit dem Kind zusammen anzugehen

»Ich denke, für Carina ist es das Beste«, sagt ihre Mutter im Beratungsgespräch, »wenn ich sie in die Parallelklasse wechseln lasse. In der 3a kriegt sie doch kein Bein mehr auf den Boden. Die anderen Kinder ärgern sie ständig, ihre Lehrerin nimmt das nicht ernst, und ihre Noten sind dadurch so abgerutscht, dass die Gymnasialempfehlung gefährdet ist.«

PROBLEME BEARBEITEN

Carinas Mutter ist in ernsthafter Sorge um das Wohlbefinden und die Zukunft ihrer Tochter. Ein Neustart in der Nachbarklasse scheint ihr die sinnvollste Lösung zu sein. Doch abgesehen davon, dass die Schulleitung bei einem Klassenwechsel das letzte Wort hat und ihn nicht so leicht vollzieht: Konflikte mit den Mitschülern oder Ärger mit der Lehrerin sind Stolpersteine auf dem Lebensweg eines Kindes, die nicht einfach beiseitegeräumt werden sollten. Denn wer nie stolpert, lernt auch nie, sein Gleichgewicht wiederzufinden. Probleme lassen sich nicht lösen, indem man ihnen aus dem Weg geht. Sie kehren so lange wieder, bis man sie bearbeitet hat.

Wenn Carina häufig von Mitschülerinnen geärgert wird, ist es sinnvoll, das Warum zu hinterfragen. Carinas Mutter könnte noch einmal mit der Lehrerin sprechen und ihr erzählen, was sie im Einzelnen alles beobachtet und was Carina ihr an Details erzählt hat. Teilt auch die Lehrerin ihre Beobachtungen mit, kommen sie den Gründen für die Außenseiterrolle des Mädchens gemeinsam näher. Carinas Mutter kann dabei Anregungen erhalten, die ihr helfen, die Tochter zu stärken; die Lehrerin kann Ideen entwickeln, wie sich das soziale Klima in der Klasse verbessern lässt.

Doch auch, wenn das Gespräch nicht fruchtet, sind nicht alle Möglichkeiten erschöpft: Carinas Mutter kann die Schulleitung ansprechen und um Unterstützung bitten. Sie hat außerdem die Möglichkeit, mit der Beratungslehrerin der Schule oder mit dem zuständigen Schulpsychologen zu sprechen.

Beratungslehrer und Schulpsychologen sind überdies Fachleute für Lernschwierigkeiten. Sie können mit Hilfe von Gesprächen und Tests die Gründe für die unbefriedigenden Noten herausfinden und Hilfestellungen für ein effektiveres Lernverhalten bieten. Sie werden auch helfen, wenn Ängste vor den Mitschülern oder andere Emotionen das Lernen blockieren.

Auf diese Weise lernt Carina, dass Probleme dazu da sind, sie zu lösen. Sie kann die positive Erfahrung machen, welches Glücksgefühl es bedeutet, sie aus eigener Kraft und/oder mit fremder Hilfe zu überwinden. Unser Beistand bewirkt auch eine Stärkung der Frustrationstoleranz, die sie immer wieder brauchen wird, wenn es Widerstände zu überwinden gilt. Denn letztlich wollen wir unseren Kindern doch vor allem eines vermitteln: Lebenstüchtigkeit.

Helfen, wenn die Psyche leidet

Wenn es um die Orientierung im Schulsystem und um Fragen der individuellen Lernförderung geht, sind Schulpsychologen kompetente Ansprechpartner

»Aber mein Kind ist doch nicht krank!«, entgegnet ein Vater empört, als ich ihm vorschlage, wegen der Lese-Rechtschreibprobleme seines Sohnes eine schulpsychologische Beratungsstelle aufzusuchen. Solche Reaktionen sind keine Seltenheit – auch Lehrerinnen und Lehrer erleben das oft.

Dabei ist die schulpsychologische Beratungsstelle keine psychiatrische Facharztpraxis und ein Schulpsychologe kein Psychotherapeut. Psychologinnen und Psychologen erklären ganz allgemein, wie sich Menschen verhalten und warum sie es so und nicht anders tun. Das Lernen ist ein wesentlicher Teil menschlichen Verhaltens – und damit auch Gegenstand der (Lern-)Psychologie. Für Hilfestellungen bei Lern- und Teilleistungsstörungen können die Erkenntnisse der Psychologie darum sehr hilfreich sein.

BREITES SPEKTRUM AN LEISTUNGEN UND AUFGABEN

Schulpsychologinnen und -psychologen in Deutschland arbeiten als Angestellte oder Beamte entweder des Bundeslandes oder des Landkreises bzw. der Kommune. Eine »Schulpsychologische Beratungsstelle« oder der »Schulpsychologische Dienst« befinden sich manchmal unter einem Dach mit einer Erziehungs- bzw. Familienberatungsstelle, mit einer Schul- oder mit einer Verwaltungsbehörde. Manche Schulpsychologen arbeiten sogar direkt in einer Schule.

Für Eltern und ihre Kinder bietet die Schulpsychologie zum einen Beratung bei Schullaufbahnfragen an. Ob es um eine Klassenwiederholung, um den Übergang in eine weiterführende Schule, den Wechsel zwischen weiterführenden Schulen oder um die verschiedenen Abschlüsse geht – Schulpsychologen können mit ihren Informationen, ihrer Kenntnis der regionalen Bildungsangebote und im Bedarfsfall auch mit Leistungs- und Persönlichkeitstests Orientierungshilfe bieten.

Zum anderen beraten die schulpsychologischen Experten bei Lern- und Teilleistungsstörungen, zum Beispiel bei Lese-Rechtschreib-Schwäche, bei Rechenschwäche oder bei Aufmerksamkeitsstörungen, aber auch bei allgemeiner Schulunlust, Motivationsfragen, Mangel an Lern- und Arbeitstechniken oder bei Verhaltensauffälligkeiten. Sogar Konflikte in der Schule wie heftiges Mobbing in einer Klasse können mit schulpsychologischer Hilfe bearbeitet werden. Bei Bedarf vermitteln die Schulpsychologen Ratsuchende an spezialisierte Fachkräfte oder Einrichtungen weiter.

DAS A UND O: VERTRAUEN UND VERTRAULICHKEIT

Damit die schulpsychologische Einzelfallhilfe von Eltern und Kindern auch vorbehaltlos angenommen wird, müssen bestimmte Beratungsgrundsätze gelten, ohne die kein Vertrauensverhältnis möglich wäre:

- Freiwilligkeit bedeutet, dass niemand gegen seinen Willen

zu einer schulpsychologischen Beratung gezwungen werden kann.

- Jeder, der mit Schule zu tun hat, hat freien und direkten Zugang zur Beratung. Eltern können sich also selbst und unmittelbar anmelden.

- Die Beratung ist für die Ratsuchenden kostenfrei.

- Schulpsychologen unterliegen wie Ärzte der Schweigepflicht, um die Persönlichkeitsrechte und die informationelle Selbstbestimmung der Ratsuchenden zu wahren.

- Schließlich sind die Schulpsychologen neutral, ergreifen keine Partei und beraten ungebunden von Weisungen.

WISSENSCHAFTLICHE TESTS GEBEN INFORMATIONEN

Was bei Eltern nicht selten Misstrauen auslöst, sind die Testverfahren in der schulpsychologischen Diagnostik. Zum einen herrscht oft die Furcht, dass ein schlecht ausgefallener Test vielleicht Abschulung oder Förderschule bedeuten könnte. Das rührt meist vom Vergleich mit dem Verfahren zur Feststellung eines sonderpädagogischen Förderbedarfs her. Doch damit haben Schulpsychologen nichts zu tun. Sie setzen Tests nur als zusätzliche Informationsquelle ein. Es bleibt den Eltern überlassen, was sie mit diesen Informationen anfangen.

Zum anderen bezweifeln viele Menschen grundsätzlich die Aussagekraft solcher Testverfahren. Schulpsychologische Tests sind jedoch keine »Psychotests«, wie man sie aus Illustrierten kennt (»Sind Sie eine Über-Mutter?«). Sie sind auf wissenschaftlicher Grundlage entwickelt und normiert worden. So können sie die Ausprägung bestimmter Merkmale von Menschen messen, etwa Intelligenz oder Prüfungsangst. Leistungstests stellen Intelligenzquotient, Kreativität, Konzentration, Feinmotorik, Lese-, Rechtschreib- oder Rechenleistung fest. Persönlichkeitstests erfassen die Ausprägung von Interessen, Einstellungen, Motivation, Aggressionsbereitschaft oder Ängstlichkeit.

Psychologen nutzen solche Tests als diagnostischen Werkzeugkasten, der ihre Gespräche und Beobachtungen ergänzt. Sie sind sich bewusst, dass sie größere Messfehler aufweisen als beispielsweise eine Waage für das Körpergewicht – und interpretieren die Testergebnisse entsprechend vorsichtig. Dennoch liefern Tests häufig wertvolle Hinweise für die Lösung von Schulproblemen.

Ein Beispiel:

- Nele, 3. Schuljahr, hat Schwierigkeiten mit dem Rechtschreiben. Zudem leidet sie an Ängsten, wenn es um Leistungssituationen geht. Im Diktat kann sie oft die einfachsten Wörter nicht mehr korrekt zu Papier bringen.

- Die Schulpsychologin testet daher Neles Schulangst mit einem Angstfragebogen und ihre Rechtschreibfähigkeit mit einem diagnostischen Rechtschreibtest. Außerdem erhebt sie mit weiteren Testverfahren ihre Leseleistung sowie das allgemeine Intelligenzniveau.

- Mit Hilfe der Ergebnisse kann Sie Nele und ihren Eltern konkrete Vorschläge für den folgenden Beratungsprozess machen.

HIER FINDEN ELTERN RAT UND HILFE

An vielen Schulen gibt es Beratungslehrer, die eng mit den schulpsychologischen Einrichtungen zusammenarbeiten. Oft sind sie es, die Eltern auf diese weiterführende Beratungsmöglichkeit hinweisen. Die Telefonnummer des zuständigen schulpsychologischen Dienstes findet man aber auch im Internet, wenn man etwa die Schulsekretärin nicht fragen möchte: Über www.schulpsychologie.de sind die Kontaktdaten aller schulpsychologischen Beratungsstellen in Deutschland zu finden. Daneben bietet dieses Portal auch Informationen zu vielen Fragen im Zusammenhang mit Schule und Lernen sowie eine E-Mail-Beratung.

»Du Streber!«

*Leistungsstarke Schüler müssen sich häufig mit Vorwürfen aus-
einandersetzen. Was Eltern und Lehrer gegen Anfeindungen tun
können*

Die Aufregung ist verständlicherweise groß, wenn ein Kind
nach Hause kommt und erzählt, andere hätten es »Streber« gerufen. Bei solch einer Unverschämtheit möchte man sich am
liebsten sofort in der Schule beschweren oder die Übeltäter zur
Rede stellen. Besonnenheit führt jedoch mit Sicherheit weiter.

Tatsächlich ist der Strebervorwurf schwerwiegend, denn er
beeinträchtigt das Selbstbewusstsein eines Kindes erheblich. Es
sind übrigens vor allem Mädchen, die davon betroffen sind.
Mehrere Studien der TU Chemnitz haben gezeigt, dass sie in
Mathematik und Naturwissenschaften bessere Leistungen als
Jungen zeigen könnten, wenn sie keine Angst vor dem Strebervorwurf haben müssten.

In der Grundschule werden Kinder zwar noch selten als Streber bezeichnet, aber Neidreaktionen von Leistungsschwächeren
gibt es auch dort schon. Die Dritt- und Viertklässler spüren ja
bereits deutlich den Leistungsdruck, der mit dem nahenden
Übergang auf die weiterführende Schule verbunden ist. Neben
Neid spielt aber auch eine Rolle, dass, wer viel Lernzeit auf-
bringt, seine sozialen Fähigkeiten möglicherweise nicht so gut
entwickeln kann. Kinder aber mögen solche Kinder besonders,
die gesellig und sportlich sind. Ihnen »verzeihen« sie gute Noten eher.

Eltern haben beim Strebervorwurf mehrere Handlungsmöglichkeiten. Sie können zunächst Verständnis zeigen, ihr Kind
erzählen lassen und seine Gefühle mit ihm klären. Zudem können sie gemeinsam schlagfertige Antworten überlegen, die es

bei entsprechender Gelegenheit anbringen kann, z. B.: »Schadet es dir denn, wenn ich eine gute Note habe?« Eltern können ihrem Kind zudem helfen, seine sozialen Kompetenzen zu stärken, die es auch später im Beruf brauchen wird. Dafür ist ein Mannschaftssport nützlich, aber auch Kinderfreizeiten, das Arrangieren von Kinderfesten und das Fördern von Freundschaften.

Ein Gespräch mit der Lehrerin ist auf jeden Fall sinnvoll, damit sie das Streberthema mit der Klasse aufarbeitet. Schließlich schadet dieses Problem auch ihrem Unterrichtserfolg. Sie hat eine Menge Möglichkeiten, das soziale Klima der Klasse zu verbessern. Stellt eine Lehrerin aber starke Schüler vor der Klasse heraus, besteht die Gefahr, dass die Klasse diese als ihre Lieblingsschüler empfindet. Wenn Eltern das bemerken, sollten sie die Lehrkraft in einem vertraulichen Gespräch darauf aufmerksam machen.

Unsere Kinder brauchen unbedingt unsere Unterstützung, um gute Leistungen als etwas Positives sehen zu können. Starke Schüler können schwächeren helfen und bringen mit ihren Beiträgen den Unterrichtsprozess voran. Konkurrenz und Arroganz jedoch sind die natürlichen Feinde eines leistungsfreundlichen und sozialen Klassenklimas.

Fairness lernen

*Den eigenen Standpunkt vertreten, gemeinsame Interessen for-
mulieren, miteinander diskutieren – all das lernen Schüler im
Klassenrat*

Viele Eltern und Großeltern kennen noch *Nesthäkchen*, jene
Kinderbuchreihe um die Romanfigur Annemarie Braun, die in
der Kaiserzeit gelebt hat – oder zumindest die darauf basierende
TV-Weihnachtsserie aus den 80er-Jahren. In *Nesthäkchens Back-
fischzeit*, kurz nach dem Ersten Weltkrieg, als Annemarie 16 Jahre alt ist und das Gymnasium besucht, fühlt sie sich und ihre
Mitschülerinnen von der Deutschlehrerin schlecht behandelt.
Da überzeugt sie ihre Freundinnen, einen Schülerrat zu gründen, um sich gegen die Ungerechtigkeiten zu wehren.

Was Schüler wie Annemarie damals versuchten, war revolu-
tionär – jedenfalls für deutsche Verhältnisse. Schließlich hatte in
Deutschland bis dato noch kein demokratisches Staatswesen
existiert. Anders verhielt es sich in den USA, wo sich das Volk
schon 1787 eine demokratische Verfassung gegeben hatte. Der
amerikanische Philosoph und Pädagoge John Dewey (1859–1952)
war davon überzeugt, dass die Demokratie nicht allein eine
Staatsform ist, sondern den Lebensstil der Bürger ausmacht. Danach ist die Art und Weise des Zusammenlebens der Menschen
das vorrangige Wesensmerkmal der Demokratie, nicht Wahlen
und Parlament. Darum forderte er eine demokratische Erziehung, die er in seiner 1896 gegründeten Chicagoer Laborschule
entwickelte und praktizierte.

WELCHE AUFGABEN HAT EIN KLASSENRAT?

Auf die Ideen Deweys geht der Klassenrat zurück, den es heute an zahlreichen deutschen Schulen gibt. Er wird von der ganzen Klasse gebildet und berät über alle Themen, die die Schülerinnen und Schüler beschäftigen. Das können aktuelle Konflikte sein, aber auch die Planung von Aktivitäten und sogar von Unterrichtsinhalten. Wir Eltern können uns das kaum vorstellen, denn zu unserer eigenen Schulzeit gab es solche Mitbestimmungsmöglichkeiten meist noch nicht. Heute aber ist das üblich. So macht beispielsweise der »Orientierungsrahmen Schulqualität« in Hamburg die Vorgabe: »Die Schülerinnen und Schüler werden regelhaft in die Planung und Gestaltung von Lehr- und Lernprozessen einbezogen und an inhaltlichen und methodischen Auswahlentscheidungen beteiligt.«

Auf keinen Fall dient der Klassenrat als Disziplinierungsinstrument oder schlicht als Zeitreserve für Organisatorisches. Er gibt Schülern die Möglichkeit, ihre eigenen Angelegenheiten einzubringen und mit der Klasse zu diskutieren. Wenn etwas entschieden werden soll, müssen vorher Meinungen und Gegenmeinungen ausgetauscht werden, bis es zu einem Kompromiss oder einer Mehrheitsentscheidung kommt. So lernen Kinder von klein auf, ihre Interessen auf konstruktive Weise zu vertreten und sich tolerant und demokratisch zu verhalten.

WIE FUNKTIONIERT DER KLASSENRAT?

Idealerweise tagt der Klassenrat einmal pro Woche zur stets gleichen Zeit. Er dauert im ersten Schuljahr ca. 20 Minuten und steigert sich bis zur vierten Klasse auf eine Schulstunde. Diese Zeit ist gut investiert, denn zum einen lernen die Kinder eine

Menge dabei, zum anderen verbessert sich das Klassenklima, sodass weniger zeitfressende Konflikte auftreten.

Reihum übernimmt jedes Kind einmal die Aufgabe des Diskussionsleiters, des Protokollführers und des Zeitwächters. Die Themen können die Woche über beispielsweise auf einer Wandzeitung notiert oder in einem Briefkasten gesammelt werden. Anonyme Anträge werden nicht bearbeitet und auch nicht solche, die gegen die Schulordnung oder Klassenregeln verstoßen. Anliegen, die nur ein oder zwei Schüler betreffen, lassen sich eher in persönlichen Gesprächen klären. Als Faustregel kann gelten, dass Themen für den Klassenrat mindestens drei Beteiligte betreffen müssen.

Der Klassenrat wird im Lauf der Zeit Gesprächsregeln festlegen, beispielsweise:

• Jeder hat ein Rederecht.

• Ich lasse den anderen ausreden.

• Ich beleidige niemanden.

• Jeder Beitrag ist wichtig, deshalb höre ich aufmerksam zu.

Im Laufe der Zeit werden die Regeln den Bedürfnissen der Klasse angepasst. Die Rolle der Lehrkraft im Klassenrat besteht darin, die Kinder dabei zu unterstützen, Verantwortung für die Gemeinschaft zu übernehmen. Je besser sie das können, desto eher wird der Klassenlehrer zum gleichberechtigten Mitglied des Gremiums. Allerdings wird er dabei stets verantwortlich für das Einhalten von Grenzen sein.

WAS LERNEN KINDER IM KLASSENRAT?

Schon das Einüben von Verhaltensweisen, die für eine demokratische Bürgergesellschaft wesentlich sind, ist ein guter Grund für den Klassenrat. Außerdem fördert er Einsicht sowie die Fähigkeit der Kinder, sich in andere hineinzuversetzen, wenn es etwa um das Aushandeln von Regeln oder den Umgang mit Regelverstößen geht.

In der heutigen Lebens- und Arbeitswelt sind soziale Kompetenzen und Teamfähigkeit gefragt – für die der Klassenrat das optimale Trainingsfeld darstellt. Gleichzeitig lernen die Kinder zu argumentieren und ihre Ideen, Vorschläge und Meinungen vorzutragen – Fähigkeiten, die als Lernziele in den Lehrplänen für Deutsch, Sachunterricht und weitere sozialwissenschaftliche Fächer formuliert sind.

Der wichtigste Lerneffekt jedoch ist die Prägung einer demokratischen Grundhaltung, die in der Welt von heute gebraucht wird, um ein positives soziales Gemeinschaftsleben zu gestalten, gerade wenn die Zeiten schwierig sind. Unsere Welt braucht Menschen, die sich engagieren und zupacken, wo Handlungsbedarf besteht. Genau dazu erzieht der Klassenrat.

Klassenausflug oder Unterricht?

*Ob Wanderung oder Theaterbesuch – außerschulische Freizeit-
und Bildungsaktivitäten bieten jede Menge Lernanlässe und fördern den sozialen Zusammenhalt*

Woran erinnern Sie sich am liebsten, wenn Sie nach Ihrer Schulzeit gefragt werden? Vermutlich vor allem an das, was auch Ihren Kindern Freude bereitet: die Ausflüge in die Umgebung.
Allzu oft finden sie leider nicht statt. In der Regel aber sind sie
zweimal pro Jahr vorgesehen. Dass organisierte Wanderungen
besonderer Bestandteil der Bildungs- und Erziehungsarbeit der
Schulen sind, weiß eigentlich jeder. Doch: Warum ist das eigentlich so?

WANDERTAGE FESTIGEN DEN SOZIALEN ZUSAMMENHALT

An einem Wandertag muss die Klasse besonders zusammenhal-
ten, das ist jedem klar. Man bricht gemeinsam auf – aber wohin?
In aller Regel ist das Ziel zwar bekannt, doch richtig kennen
wird es kaum jemand. Etwas Neues wahrzunehmen ist immer
eine Herausforderung. Ein paar Beispiele gefällig?

- Die 2b kommt vom Land und soll in der Stadt Köln erkun-
  den, wie Schokolade hergestellt wird. Also besuchen die
  Kinder mit ihrer Lehrerin das Schokoladenmuseum – natürlich samt dem dazugehörigen Shop. Anschließend toben
  sich alle auf einem großen Spielplatz aus.

• Die 3a aus der Großstadt Kassel fährt mit dem Zug aufs Land. Dort besucht sie einen Bauernhof, wo die Kinder mit den Tieren spielen dürfen und nebenbei lernen, wie Gemüse und Salat angebaut werden. Anschließend macht die Gruppe Picknick auf einem Spielplatz, tobt sich dort ordentlich aus und wandert schließlich zu einem Bahnhof, von dem aus es wieder nach Hause geht.

• Die 4c reist zum Frankfurter Flughafen, wo Kinder Verkehrsmittel vom Hubschrauber bis zum Großraumflugzeug besichtigen dürfen. Nach dem Mittagessen – gesponsert von der Flughafengesellschaft – besucht die Klasse einen Wald- und Abenteuerspielplatz mit Baumkronenpfad, auf dem die Kinder ihrem Bewegungsdrang freien Lauf lassen können.

Alle diese Aktionen haben eines gemeinsam: Die Kinder brauchen einander, um Freude zu erleben. Das gemeinsame Tun wird zum Ausdruck gemeinsamen Erlebens. So wird die Gemeinschaft gestärkt.

Wandertage festigen den Zusammenhalt in einer Klasse. Die Kinder erleben etwas gemeinsam, teilen Spiel und Spaß miteinander. Meistens sind lehrreiche Elemente mit im Spiel: Der Besuch eines Waldes wird zu einer Art Freiluftseminar über Baumarten, Vögel und Insekten; in einer Lebensmittelfabrik lernen die Kinder das Herstellungsverfahren für Konserven kennen; eine Käserei bietet Einblicke in die Kunst des Käsens an.

BESTANDENE ABENTEUER STÄRKEN DIE PERSÖNLICHKEIT

Daneben geht es jedoch auch um die Fortbewegung per pedes: Zumindest teilweise werden Ziele zu Fuß angestrebt. So erleben die Kinder buchstäblich, dass der Mensch viele Schritte unternehmen muss, um Fortschritt zu erzielen.

Doch gelegentlich reicht das nicht aus. Manche Schulklassen setzen daher auf erlebnispädagogische Aktionen. Wenn Lehrkräfte den Besuch eines Kletterparks oder einer Wildwasserbahn auf den Plan setzen, wollen sie damit eines erreichen: die Stärkung der Schülerpersönlichkeit. Jede und jeder Einzelne soll den ganzen Parcours erfolgreich bewältigen. Außerdem verhelfen die bestandenen Abenteuer den Kindern zu einem Gemeinschaftserlebnis, das in dieser Form sonst nirgendwo zu bekommen ist. Willkommener Nebeneffekt: Die Aktionen wirken über den Tag hinaus und leisten einen wertvollen Beitrag zu einem positiven Klassenklima.

KUNST UND KULTUR ALS BILDUNGSERLEBNISSE

Manchmal dient der Wandertag allerdings gar nicht dem Wandern, sondern einem speziellen Unterrichtsziel, das man gar nicht besser verfolgen könnte als mit einem Ausflug. Dazu gehören beispielsweise der Besuch eines Sportereignisses, einer Theaterveranstaltung oder auch einer Bibliothek. Ein solcher Lerngang ist besonders gut geeignet, die Unterrichtsroutine aufzubrechen. In der Bibliothek etwa erfahren die Kinder nicht nur, welche Medien – Bücher, Zeitschriften, CDs, DVDs, CD-ROMs, Spiele usw. – dort angeboten werden und wie man sie nutzen kann, sondern sie lernen auch, wie man einen Leihzettel ausfüllt und was passiert, wenn man den Rückgabetermin verpasst. So kann die Schule eine Verbindung zwischen den angehenden Nutzern und den verschiedenen kulturellen Angeboten der Gemeinde herstellen – und zwar auch für solche Kinder, deren Eltern diesen Offerten reserviert gegenüberstehen.

Auch der erste Besuch einer Theateraufführung wird den

meisten Kindern lebhaft in Erinnerung bleiben. Hier können sie live miterleben, was im Fernsehen niemals zu sehen ist: wie ein Stück aufgeführt wird, wie die Schauspielerinnen und Schauspieler agieren, wie sie Spannung erzeugen und wann gemeinsam gelacht oder gebangt wird. Ob Puppen die Akteure sind oder Menschen – die in Echtzeit erlebte Schauspielerei fasziniert fast alle Kinder. Der nächste Schritt könnte es dann sein, in der Schule selbst ein Stück zur Aufführung zu bringen.

Die Beispiele machen deutlich, dass außerschulische Freizeit- und Kulturveranstaltungen ein wesentlicher Teil erfolgreicher Bildungsarbeit sind. Unterrichtsstunden sind zweifellos wichtig, aber sie repräsentieren nur einen kleinen Ausschnitt eines viel größeren und ungemein spannenden Ganzen.

Eltern sind keine Taxis

Das Phänomen der Helikoptereltern führt dazu, dass immer weniger Kinder zu Fuß zur Schule gehen. Welch vertane Chance!

Wie war das noch in unserer eigenen Kindheit mit dem Schulweg? Sind wir ihn nicht meist selbst gelaufen? War er nicht ein Stück Emanzipation von Mamas Rockzipfel und gleichzeitig die Gelegenheit, mit Freundinnen oder Freunden zusammen zu sein, miteinander zu spielen, zu reden oder Quatsch zu machen?

Heute denken Eltern beim Thema Schulweg vor allem an die Verkehrssicherheit. Wer als Mutter oder Vater sein Kind mit dem Auto zur Schule fährt, meint, so könne es nicht unter die Räder kommen. Doch die Verkehrsstatistiken deuten in eine ganz andere Richtung: Nach einer Studie der Bergischen Universität Wuppertal im Auftrag des Allgemeinen Deutschen Automobilclubs (ADAC) ist das Unfallrisiko von Schulkindern, die zu Fuß gehen, relativ gering. Dagegen kamen laut Statistischem Bundesamt allein im Jahr 2012 fast 10.400 Kinder bis 14 Jahren bei Fahrten im elterlichen Auto – darunter eine hohe Zahl Schulfahrten – zu Schaden.

Neben dem Unfallrisiko fürs eigene Kind gefährdet das »Elterntaxi« durch oft regelwidriges Anhalten im Halteverbotsbereich vor der Schule und infolge riskanter Wendemanöver andere Kinder sowie den sonstigen Straßenverkehr. Daher appelliert der Automobilclub an Mütter und Väter, ihre Kinder so oft wie möglich zu Fuß zur Schule gehen zu lassen – natürlich auf einem sicheren Schulweg. Ein weiterer Vorschlag des ADAC ist die Einrichtung von ausgewiesenen Hol- und Bringzonen im Abstand von rund 250 Metern zur Schule. An solchen »Elterntaxi«-

Haltestellen könnten die Kinder gefahrlos ein- und aussteigen und der Verkehr unmittelbar vor der Schule würde entzerrt.

ALTERNATIVEN: LAUFBUS UND »KISS AND GO«

Manche Schulen, wie zum Beispiel die Leintalschule Frittlingen auf der Schwäbischen Alb, haben schon seit Jahren einen »Laufbus« organisiert. 16 Mütter sind dort als »Laufbus-Schaffnerinnen« aktiv und begleiten die Kinder auf mehreren Linien mit festen Sammelstellen. Die teilnehmenden Kinder haben »Laufbus-Fahrkarten«, die nach jeder gelaufenen Tour abgestempelt werden. Kinder mit besonders vielen Laufkilometern bekommen am Schuljahresende einen Preis.

Die Grundschule im niedersächsischen Salzhemmendorf wiederum hat die ADAC-Idee der Elterntaxi-Haltestelle vorweggenommen und eine »Kiss and Go«-Zone eingerichtet. Dort, an einer zentral gelegenen Laufbus-Haltestelle in der Nähe eines Supermarktes, können Eltern ihre Kinder gefahrlos absetzen und mittags wieder aufnehmen. So legen die Kleinen wenigstens einen Teil ihres Schulwegs zu Fuß zurück – was nachweislich der Konzentration im Unterricht zugutekommt. Frische Luft und Bewegung lassen die Kinder nämlich munterer und aufnahmefähiger in der Schule ankommen, als wenn sie mit dem Auto gebracht werden.

LAUFEN MACHT SCHLAU

Das bestätigt auch eine Studie der Universität Erfurt, an der Schülerinnen und Schüler der sechsten Jahrgangsstufe eines Gymnasiums im ländlichen Raum teilnahmen. Sie untersuchte, wie sich Länge und Art des Schulwegs auf die Noten auswirkten. Fazit: Je länger die Kinder in motorisierten Verkehrsmitteln (Bus, Bahn oder Pkw) unterwegs waren, desto schlechtere Noten erzielten sie. Bei Fußgängern und Fahrradfahrern ließen sich keine leistungsbeeinträchtigenden Effekte nachweisen.

Schon im April 2009 hatte das Nachrichtenmagazin *Focus* über eine amerikanische Studie berichtet, nach der 20-minütiges Gehen vor Aufmerksamkeitstests und Leseübungen zu besseren Leistungen führte. Offensichtlich, so legten Messungen der Hirnströme nahe, konnten die Schüler nach dieser Bewegungseinheit ablenkende Reize besser ausblenden. Der Effekt lag immerhin in der Größenordnung einer ganzen Schulnote!

Wie einfach wäre es also, die schulische Leistungsfähigkeit unserer Kinder durch einen zu Fuß oder per Rad zurückgelegten Schulweg zu unterstützen! Tolle Anregungen dafür gibt es auf www.zu-fuss-zur-schule.de. Diese Website wird vom Deutschen Kinderhilfswerk (DKHW) und vom Verkehrsclub Deutschland (VCD) gemeinsam gestaltet und dokumentiert alljährlich Schulprojekte zum internationalen »Zu Fuß zur Schule«-Tag.

Die eingangs erwähnte ADAC-Studie beklagt noch ein drittes Manko regelmäßiger elterlicher Hol- und Bringdienste. Demnach leidet unter ihnen die selbstständige Mobilität von Schulkindern beträchtlich. Ohnehin schrumpft der Aktionsradius von Kindern – also die Entfernung von zu Hause, in der sie unbeaufsichtigt spielen oder auf Entdeckungstour gehen dürfen – seit vielen Jahren deutlich. Dabei ist die eigenverantwortliche Fortbewegung nicht nur unter gesundheitlichen, sondern auch unter sozialen Aspekten bedeutsam: Der Schulweg zu Fuß oder später mit dem Fahrrad bietet die Gelegenheit, seine Freundinnen oder Kumpels zu treffen, er ermöglicht Austausch, Erzählen und Lachen. Zudem führt die Gewohnheit, selbst für seine Wege zuständig zu sein, zu einem aktiveren Freizeitverhalten und fördert die Kommunikation und Kontaktpflege mit anderen Kindern mehr, als internetgestützte Netzwerke es je könnten.

Und noch ein Aspekt sei erwähnt: Je früher ein Kind lernt, draußen selbstständig unterwegs zu sein, desto besser ist es gegen Unfallgefahren auf der Straße gewappnet. Übung macht eben auch hier den Meister. Nicht das Bewahren schützt vor Gefahren, sondern die aktive Auseinandersetzung mit ihr in altersgemäßer Form.

Hausaufgaben & Co.

Raus aus der Förderfalle

Alles für Erfolg, Reichtum und Karriere? Kluge Eltern wissen: Nur selber tun macht tüchtig – und nur selber denken macht wirklich schlau

»Komm, ich zeig dir noch mal, wie man die Zahlen richtig untereinanderschreibt«, sagt die Lehrerin zu Maria, die mit dem schriftlichen Subtrahieren große Probleme hat. »Nein, danke«, wehrt sich die Drittklässlerin, »das übe ich zu Hause mit meiner Mama.«

Maria hat in fast allen Fächern Lernschwierigkeiten. Als zu früh Geborene hat sie unter Entwicklungsverzögerungen und Wahrnehmungsschwächen zu leiden, die ihr weitgehend erhalten bleiben werden. Seit Maria nach langen, sorgenvollen Wochen endlich aus der Frühchen-Klinik nach Hause durfte, kümmert sich ihre Mutter rührend und aufopferungsvoll um das Mädchen. Keine Fördermaßnahme hat sie ausgelassen. Stunden um Stunden übten sie seit der Einschulung gemeinsam, Ziffern und Buchstaben schön zu schreiben. Hausaufgaben, Lesen, Kopfrechnen – das Kind macht bis heute alles willig mit. Zum Spielen mit Freundinnen, draußen auf dem Spielplatz, kommt Maria allerdings nur selten.

MOTIVATION DURCH EIGENAKTIVITÄT

Das viele Helfen war nicht vergebens. Die drohende Förderschule hat die Mutter abwenden können. Maria hat die jeweiligen Klassenziele stets knapp erreicht. Bei so viel Fleiß und häuslicher Unterstützung wird sie später wahrscheinlich sogar einen mittleren Abschluss schaffen.

Doch Maria zahlt einen doppelten Preis dafür: Weder kennt sie unbeschwertes Herumtoben und die Ausgelassenheit einer aufgedrehten Kinderschar, noch hat sie Anstrengungsbereitschaft und Lernen aus eigener Initiative entwickeln können. Sie macht zu Hause alles mit – verfügt aber über keine eigene Leistungsmotivation.

Ein leistungsmotivierter Mensch trägt die feste Überzeugung in sich: »Wenn ich mich anstrenge, dann schaffe ich das.« Diese Überzeugung ist von klein auf gewachsen. Eltern und andere Bezugspersonen haben schon dem Kleinkind etwas zugetraut, haben es ermuntert, seine Umgebung zu erforschen und später beim Herumtollen mit anderen Kindern alles Mögliche auszuprobieren.

Beim Hantieren, Spielen, Klettern, Streiten und Sich-Vertragen machen Kinder die Erfahrungen der Selbstwirksamkeit. Daraus erwächst Selbstbewusstsein – die Überzeugung, über individuelle Fähigkeiten zu verfügen. Eigenaktivität vermittelt die Überzeugung, aus eigener Anstrengung heraus immer mehr zu können. Solche Erfahrungen führen zu einem positiven Selbstwertgefühl und einer hohen Leistungsmotivation.

VIELE ELTERN MACHEN SICH UNNÖTIGE SORGEN

Marias Mutter hat sich immer Sorgen um ihre Kleine gemacht – anfangs um ihr Überleben, dann um ihre gesundheitliche Entwicklung und später um ihr Vorankommen in der Schule. Mit dieser Sorge im Hintergrund hat sie alles für Maria getan. Sie hat sich aufopferungsvoll gekümmert, und sie hat vieles getan, was das Kind auch selber hätte tun können – mit der Folge, dass sich Marias Selbstbewusstsein und ihr Vertrauen in die eigene Leistungsfähigkeit nur ungenügend entwickeln konnten.

Manche Eltern sorgen sich sogar ohne jeden Grund. Einst hatte ich es mit einer Mutter zu tun, die schon bei der Einschulung überzeugt war, ihr Junge würde nicht lesen lernen können – obwohl es keinerlei Anzeichen dafür gab.

Sie übte und übte mit ihm – mit dem Ergebnis, dass der Junge am Ende der ersten Klasse tatsächlich förderbedürftig war. Ihre Ängste hatten sich auf das Kind übertragen und ihm die Chance unbeschwerten Lernens genommen.

Andere Eltern (über-)fördern ihr Kind, weil sie nichts verpassen wollen. Sie sind durch einander widersprechende Ratgeberartikel verunsichert oder lassen sich schon in der Krabbelgruppe mit dem Ehrgeiz-Virus infizieren. Auch gibt es Eltern, die neben Statussymbolen wie Haus und Auto ein »gelungenes« Kind als Ausweis eines erfolgreichen Lebens betrachten. Schließlich nehmen manche Eltern die Interessen und Talente ihres Kindes nicht wahr, weil sie nur dessen Karriere im Blick haben und es ohne Rücksicht auf seine individuellen Begabungen und Bedürfnisse einseitig unterstützen.

FÖRDERN JA – ABER BITTE MIT MASS UND ZIEL

Alle diese Eltern handeln in bester Absicht; niemals wollen sie ihrem Kind Schaden zufügen. Dass ihnen das dennoch passiert, ist dem Missverständnis geschuldet, heutzutage sei alles mach- und steuerbar – auch die Entwicklung eines Kindes. Dabei ist das einzig Machbare die Gestaltung der Rahmenbedingungen, unter denen ein Kind aufwächst:

- Am allerwichtigsten ist Zeit für liebevolle Zuwendung, Liebkosungen, Spiele, Unternehmungen, Vorlesen und miteinander Reden (auch schon, bevor das Kind sprechen kann!). All das trägt zu einer festen Eltern-Kind-Bindung bei und schafft eine solide Basis für die Persönlichkeitsentwicklung des Kindes.

• Bewegung – von Fingerspielen bis zum Ganzkörpereinsatz – fördert nicht nur Fein- und Grobmotorik, sondern auch das Selbstbewusstsein. Die ersten Erfolgserlebnisse kleiner Kinder resultieren aus Greifen, Krabbeln, Laufen und Turnen.

• Spielen im Freien und vor allem in der Natur ermöglicht Erfahrungen mit allen Sinnen. Bewegungs- und Sinneserfahrungen sind die Voraussetzung für eine möglichst ungehinderte und störungsfreie Entwicklung der Gehirnfunktionen.

• Singen und Musizieren – auch wenn man glaubt, man selbst sei eher unmusikalisch – haben ein hohes Förderpotenzial. Authentisches Falschsingen ist besser als die entmutigend perfekten Musikdarbietungen einer CD.

• Und schließlich brauchen Kinder Raum für Neugier und eigene Interessen. Statt alle ihre Fragen zu beantworten, können Eltern Situationen arrangieren, die die Suche nach eigenen Antworten anspornen, zum Beispiel durch Ausflüge, Zoo-, Museums- und Bibliotheksbesuche, später auch über das Internet.

Gelassene Eltern schaffen ein fruchtbares Förderklima in dem Bewusstsein: Nur selber tun macht tüchtig, nur selber denken macht schlau!

Dauerbrenner Hausaufgaben

Hausis sind in vielen Familien ein wiederkehrendes Ärgernis – dem man aber abhelfen kann. Geht irgendwann gar nichts mehr, könnte immer noch ein Kindertausch nützen

Manche halten das T-Shirt mit der Aufschrift »Hausaufgaben gefährden meine Gesundheit« für einen Gag. Fest steht indes, dass die Erfüllung der häuslichen Lernpflichten vielen Kindern keinen Spaß macht. In über der Hälfte aller Familien, so einschlägige Untersuchungen, gibt es mehrmals pro Woche oder sogar täglich Streit deswegen.

Übrigens haben auch Lehrerinnen und Lehrer ihre Probleme mit den Hausaufgaben: Manche Eltern wollen weniger, andere mehr davon. Hausaufgaben einzufordern und zu kontrollieren kostet Zeit, die vom Unterricht abgezogen werden muss. Besonders aufwendig ist die Nachkontrolle bei säumigen Schülern. Außerdem sind Schummeln, Abschreiben und das Erfinden von Notlügen unerwünschte Nebenwirkungen des schulischen Hausaufgabenalltags.

SINNVOLL IST EIN KLEINES, REGELMÄSSIGES PENSUM

Hausaufgaben führen nicht automatisch zu besseren Lernleistungen. Die aktuelle Hausaufgabenforschung nennt wirksame Faktoren bei allen Beteiligten: Lehrer sollten lieber häufig kurze Hausaufgaben als große Pensen aufgeben. Kreative und vorbereitende Hausaufgaben sind wirkungsvoller als stures und langweiliges Üben. Für die Lerneffekte besonders bedeutsam sind inhaltliche Rückmeldungen und die Besprechung von Lern- und Arbeitsmethoden bezüglich der Aufgaben im Unterricht.

Auf Elternseite gilt es, die Selbstständigkeit der Kinder zu stärken, sie zu ermutigen und sich möglichst nicht direkt in ihre Hausaufgaben einzumischen. Auf Schülerseite hingegen ist regelmäßiges und vor allem sorgfältiges Arbeiten bedeutsam.

Sind diese Bedingungen nicht erfüllt, können Hausaufgaben die Lernentwicklung von Schülern nicht nur nicht fördern, sondern unter Umständen sogar beeinträchtigen.

FÜR HAUSAUFGABEN GIBT ES VERBINDLICHE VORSCHRIFTEN

Zwar haben alle Bundesländer ihre eigenen Erlasse und Verwaltungsvorschriften für die Hausaufgabenpraxis, aber in wesentlichen Punkten gibt es große Übereinstimmung. So gilt fast überall, dass Schülerinnen und Schüler im 1. und 2. Schuljahr nicht länger als 30, im 3. und 4. Schuljahr maximal 60 und im 5. und 6. Schuljahr höchstens 90 Minuten täglich mit häuslichen Lernpflichten verbringen sollten – wobei gelegentliche Ausnahmen, zum Beispiel vor Klassenarbeiten, nicht zu vermeiden sind. Kürzere Lernzeiten schaden keinesfalls.

Darüber hinaus sollten Eltern wissen, dass Hausaufgaben eigentlich differenziert aufzugeben sind, um leistungsschwächere Schüler nicht zu überfordern und die leistungsstarken nicht zu langweilen. Außerdem sollen Hausaufgaben so gestellt werden, dass die Schüler sie selbstständig erledigen können. Ihr Sinn liegt sowohl im Üben, Vertiefen und Anwenden des im Unterricht Gelernten als auch in der Förderung selbstständigen, eigenverantwortlichen Lernens.

Eigenartig ist allerdings, dass die Hausaufgabenthematik in

der Lehrerausbildung allenfalls am Rande vorkommt. Darum wirkt die Praxis der Hausaufgaben für Eltern oft so bekannt – bekannt aus der eigenen Schulzeit. Wo aber mit offenen Arbeitsformen, beispielsweise mit Wochenplänen oder Vorbereitungs- und Erkundungsaufgaben, gearbeitet wird, neigen viele Eltern dazu, »richtiges Üben« einzufordern – ganz nach dem Muster ihrer eigenen Schulerfahrungen.

TIPPS, DIE ES KINDERN UND ELTERN LEICHTER MACHEN

Der letzte Punkt macht deutlich, wie wichtig Absprachen zwischen Lehrern und Eltern über die Hausaufgabenpraxis sind. Wenn Eltern wissen, wie die Schule damit umgeht, fällt es ihnen leichter, sich aus dem Lernen ihrer Kinder herauszuhalten. Wofür sie indessen sorgen sollten, sind günstige Rahmenbedingungen, die es ihrem Kind erlauben, seine Aufgaben effektiv und erfolgreich zu erledigen:

- Ein fester, immer gleicher Arbeitsplatz ist hilfreich, damit schon das Hinsetzen mit dem Gedanken verbunden ist: »Jetzt geht's los!« Wichtig sind auch gutes Licht und eine ablenkungsarme Umgebung. Da kann der Esstisch in manchen Haushalten geeigneter sein als der Schreibtisch im Kinderzimmer.

- Regelmäßige Zeiten für die Hausaufgaben können vom Kind, nach Absprache mit den Eltern, in einen Wochenplan eingetragen werden *(Kopiervorlage beim Autor erhältlich unter traebert@schubs.info)*. So lassen sich Freizeittermine und sonstiger Erholungsbedarf mit den schulischen Pflichten unter einen Hut bringen.

• Es spart Zeit, ein Hausaufgabenheft zu führen, frei nach dem Motto »Gut notiert geht's wie geschmiert.« Bevor Ihr Kind loslegt, nummeriert es die eingetragenen Aufgaben in der Reihenfolge, die ihm am liebsten ist. Wenn sich daraus im Lauf der Zeit eine ritualisierte Abfolge der Fächer ergibt, umso besser.

• Meint das Kind, eine Aufgabe nicht lösen zu können, ist direkte Elternhilfe eher schädlich, denn nur selber zu denken macht schlau. Deswegen geben Eltern möglichst keine direkte Antwort, sondern fragen nach: »Was sollst du tun? Lies die Aufgabe mal vor! Erklär mir das bitte mal! Wie könnte das gehen? Wo kannst du nachschlagen?«

• Kann Ihr Kind die Aufgabe trotz solcher »prozessorientierter« Hilfen nicht lösen, ist eine Nachricht an die Lehrerin als Notiz im Heft sinnvoll. Für sie ist die Hausaufgabe ja auch eine Informationsquelle über den Lernentwicklungsstand ihrer Schüler. So erfährt sie, ob sie im Unterricht noch einmal nacharbeiten muss oder ob sie den nächsten Lernschritt angehen kann.

Gibt es trotz allem immer wieder Stress und Ärger beim häuslichen Lernen, dann können Sie mit anderen Eltern, die das gleiche Problem haben, versuchsweise die Kinder tauschen. Sie werden überrascht sein, wie entspannt auf einmal die Hausaufgaben erledigt werden!

Wie sinnvoll ist Lernen mit Musik?

Viele Kinder sehen nicht ein, dass beim Hausaufgabenmachen klösterliche Stille herrschen sollte. Recht haben sie: Musikhören im Flüstermodus kann das Lernen fördern

Nicht wenige Menschen summen, singen oder pfeifen bei der Hausarbeit. Die meisten hören nebenher Musik. Und gebügelt wird häufig vor dem Fernseher. Auch beim Einkaufen werden wir in nahezu jedem Laden von Musik berieselt. Bei wem läuft nicht das Autoradio, sobald die Zündung eingeschaltet ist? Das ist die Welt, in die unsere Kinder hineinwachsen. Stille gilt vielen von ihnen als langweilig und schwer zu ertragen.

Trotzdem bestehen die meisten Eltern darauf, dass bei Hausaufgaben und Lernen keine Musik läuft. So war es auch bei Paul. Seine Eltern hatten sich an mich gewandt, weil er immer so lange für die Hausaufgaben brauchte und er kaum etwas vom Gelernten behielt. Trotz einer guten Prognose aus der Grundschule tat er sich jetzt, in der 6. Klasse der Realschule, mit dem Lernen schwer. Bei ihm wirkte sich, neben anderen Ratschlägen, meine Empfehlung, Musik bei den Hausaufgaben zu hören, rasch und besonders positiv aus. Er arbeitete zügiger, sang oft lauthals dabei mit und behielt sogar seine Vokabeln besser. Wie konnte das sein?

Pauls Problem war ein doppeltes: Zunächst einmal stand sein Schreibtisch zwar günstig platziert vor dem Fenster, aber gleichzeitig hörte er auch das Lärmen der Kinder, die schon auf der Straße kickten – während er noch an den Hausaufgaben saß. Insofern wirkte die Musik auf ihn wie ein akustisches Zelt, das die ablenkenden Außengeräusche abblockte. Der andere Teil des

Problems bestand in dem Verdruss, den er empfand. Unterricht und Hausaufgaben in der Realschule erschienen ihm viel langweiliger als in der Grundschule. Die Musik jedoch hob seine Stimmung und machte es ihm leichter, Motivation aufzubringen.

KEIN MOZART-EFFEKT – ABER NACHWEISLICHE HILFE

Pauls Musikvorliebe war allerdings nicht typisch für einen Zwölfjährigen: Er hörte leidenschaftlich gerne aktuelle Musicals. Die gelten eher als ablenkend, weil sie oft schnell und rhythmisch sind und außerdem zum Singen animieren.

1993 hatte eine amerikanische Forschergruppe um Frances Rauscher den sogenannten Mozart-Effekt entdeckt: Versuchspersonen schnitten nach dem Hören einer Mozart-Sonate in einem Intelligenztest signifikant besser ab als andere, die der Stille ausgesetzt waren. Dass Mozarts Musik die Intelligenz steigern könne, ließ sich aber in weiteren Studien nicht belegen. Vielmehr zeigte sich, dass es die musikalischen Vorlieben sind, die darüber entscheiden, ob Musik der Konzentration nützt. Wer eher Rock mag, konzentriert sich dabei besser als bei klassischer Musik oder einem barocken Orchesterstück. Und wer, wie Paul, Musicalmelodien liebt, dem helfen eben diese.

Was als sicher belegt angesehen werden kann, ist die entspannende und angstreduzierende Wirkung bestimmter Musik. Deswegen läuft Entspannungsmusik u. a. in zahlreichen Zahnarztpraxen. Sie ist instrumental, also ohne Gesang, klingt harmonisch, hat ein langsames Tempo von etwa 60 bis 80 Schlägen pro Minute, was unserem Ruhepuls entspricht, und weist im Idealfall keine Temposchwankungen auf. Diese Eigenschaften finden sich in zahllosen klassischen Musikstücken, weshalb man jede Menge CDs mit »Klassik zur Entspannung« findet. Auch New-Age-Komponisten bieten ein weites Spektrum an Entspannungs- und Meditationsmusik, und etliche Stücke aus Beat, Rock und Pop sind schon zu Lounge-Musik umarrangiert worden.

Entspannungsmusik kann Kindern helfen, wenn sie Stress empfinden oder Angst vor der nächsten Klassenarbeit haben. Sie unterstützt beispielsweise das Einschlafen. Vielen scheint sie auch zu nützen, wenn Hausaufgaben zu erledigen, Rechenaufgaben zu lösen oder Vokabeln zu lernen sind. Entscheidender als die Art der Musik ist jedoch ihre Lautstärke, denn nur leise Klänge wirken sich aktivierend auf die Gehirntätigkeit aus.

Moderne bildgebende Verfahren wie die funktionelle Magnetresonanztomografie (fMRT) haben die Gehirnforschung revolutioniert. Sie liefern untrügliche Beweise für die Auswirkungen von Musik auf den Menschen. So steht fest, dass Musikhören zahlreiche Areale auf der Gehirnrinde (Kortex) aktiviert, und zwar nicht nur dort, wo Hörreize verarbeitet werden, sondern auch in jenen Bereichen, die für strategisches Denken und Handlungsplanung zuständig sind. Das ist bei vielen Lernaufgaben nützlich.

MUSIK HEBT DIE STIMMUNG UND FÖRDERT DEN FLEISS

Außerdem führt das Hören von Musik bei den allermeisten Menschen zu einer Ausschüttung von Endorphinen (»Glückshormonen«), was die Stimmung hebt und die Anstrengungsbereitschaft stärkt.

Ganz allgemein fördert Musik die Gedächtnisleistung. Wenn Inhalte wie beispielsweise Vokabeln gelernt werden sollen, steigert das Singen der Wörter die Behaltensleistung. Beliebt ist auch das Aufsagen von Vokabeln als Rap. Dazu gibt es bereits CDs für unregelmäßige englische Verben sowie für das kleine Einmaleins. Grundsätzlich kann eigentlich jeder Lerninhalt zu jeder selbst gewählten Musik gesungen werden. »Jeder Jeck ist anders«, heißt es in Köln. Das gilt auch für das Musikhören bei geistiger Arbeit. Als ich jung war, erledigte ich die Hausaufgaben zu Musik von Jimi Hendrix oder Cream. Wenn ich mich heute konzentrieren möchte, bevorzuge ich die Stille.

Jedes Kind sollte ausprobieren können, ob ihm Musik beim Lernen hilft, und wenn ja, welche. Für Paul waren es die Musicalmelodien, für Anna kann es Kuschelrock sein und Tim braucht vielleicht Coldplay – aber bitte leise!

Keine Chance für »null Bock«

Unmotivierten Kindern fehlt einfach der Spaß am Lernen. Doch der lässt sich wecken – indem das Selbstbewusstsein gestärkt und ein paar konkrete Hilfen angeboten werden

»Die heutige Jugend ist von Grund auf verdorben, sie ist böse, gottlos und faul.« Klingt dieser Satz nicht hochaktuell? Tatsächlich jedoch stammt er aus dem alten Babylon und ist somit rund 5000 Jahre alt. Man sieht: Schon immer haben sich die Erwachsenen über die Jugend und ihre mangelnde Anstrengungsbereitschaft beklagt.

Frage also: Warum strengen sich Kinder für die Schule an oder auch nicht? Da ist zum Beispiel Luca, der mit den Hausaufgaben einfach nicht vorankommt, weil er ständig an seine Computerspiele denkt. Und Marie braucht permanent ihre Mutter neben sich, um ihre Hausaufgaben zu bewältigen. Schließlich ist da noch Nils, der einfach nicht für Klassenarbeiten lernt und die Termine manchmal sogar seiner Mutter verschweigt ...

Schnell sprechen wir in solchen Fällen von fehlender Motivation, doch meistens handelt es sich um etwas anderes: ein fehlendes Motiv.

Kleinkinder haben das Motiv der Neugier. Man kann sie kaum davon abhalten, alles Mögliche zu entdecken und zu untersuchen und neue Fähigkeiten zu entwickeln. Etwas zu können, was man bisher noch nicht konnte, erzeugt ein großes Glücksgefühl, das wir einer Ausschüttung von sogenannten Glückshormonen im Gehirn verdanken. Diese Endorphine sind unser körpereigenes Belohnungssystem, das uns immer wieder

Anstrengungen unternehmen lässt, um das Glück eines Erfolgs zu genießen.

Wenn Kinder in der Schule jedoch Dinge tun sollen, auf die sie nicht neugierig sind, brauchen sie ein gut ausgeprägtes Leistungsmotiv. Es entsteht aufgrund einer liebevollen Eltern-Kind-Beziehung, in deren Verlauf unsere Kleinen immer wieder einmal erleben, dass sie etwas tun sollen: etwas für die Mama holen, im Haushalt helfen, aufräumen und so weiter. Kinder brauchen die Erfahrung, nützlich zu sein. Die »Belohnung« für diese Tätigkeiten besteht in liebevoller Zuwendung, in einem Lächeln, einem Streicheln, einem Dankeschön oder in einer Umarmung. Das stärkt ihr Gefühl der Zugehörigkeit und gibt ihnen Sicherheit.

Zusätzlich hilft es Kindern, selbst bei Misserfolgen das Gefühl zu haben, angenommen und geliebt zu sein. Zu viel Hilfestellung hingegen verhindert die wichtige Erfahrung, etwas aus eigener Anstrengung trotz Problemen hinbekommen zu haben. Außerdem signalisiert ein solches »Helfen« unbewusst fehlendes Zutrauen – sehr ungünstig für ein gutes Selbstwertgefühl.

ERFOLGSERLEBNISSE STÄRKEN DIE MOTIVATION

Hinter einem schwachen Leistungsmotiv steckt immer ein schwaches Selbstbewusstsein. Außerdem sind sowohl permanente Über- als auch Unterforderung sowie häufiges Vergleichen mit anderen Kindern, konflikthafte Beziehungen zu Eltern oder Lehrern, Mobbing, Ängste, eine schlechte Zukunftsperspektive und eine schlechte körperliche Verfassung Gift für die Entwicklung der Leistungsmotivation.

Positiv hingegen wirken viel emotionale Zuwendung, Lob (eher für die Anstrengung als für das Ergebnis), Rückmeldungen vorzugsweise zu richtigen Ergebnissen statt zu Fehlern, Er-

folgserlebnisse durch gelegentliches Rückblicken auf die Lernfortschritte der letzten Zeit, gemeinsames Lernen in einer
kleinen Gruppe sowie eine Verbesserung der schulgestressten
Eltern-Kind-Beziehung, beispielsweise durch regelmäßige gemeinsame Spieleabende.

Beim Stichwort Motivation denken wir meistens an Belohnungen, doch das greift zu kurz. Schließlich haben wir ja unsere
Endorphine – die brauchen keine Sticker, Stempel, Süßigkeiten
oder Geld. Zur Motivation gehört alles, was die Freude an der
lästigen Arbeit erhöht, insbesondere der »Spaßfaktor«.

- Zur »Hausaufgaben-Wellness« trägt bei, was das Wohlbefinden stärkt: eine Arbeitsfläche in der Lieblingsfarbe des Kindes (Folie); ein Duftlämpchen; etwas zu trinken; eine leise
  Hintergrundmusik (vorausgesetzt, sie erweist sich nicht als
  Ablenkung).

- Wechselnde Körperhaltungen beugen schneller Ermüdung
  vor, also darf das Kind zeitweise auch im Liegen oder im
  Stehen arbeiten; ein Bügelbrett eignet sich als proviso-
  risches Stehpult.

- Bewegung beim Lernen macht Spaß und baut Stress ab.
  Sollten Eltern ihr Kind beim Einmaleins abhören, können
  sie mit der Frage einen Ball zuwerfen, den das Kind mit der
  Antwort zurückwirft. Manche Kinder lesen besser, wenn sie
  mit dem Buch in der Hand durchs Zimmer gehen. Übungswörter kann das Kind erst mit dem Finger in die Luft und an
  die Wand malen, bevor es sie ins Heft schreibt.

- Ein immer gleicher Ablauf der Hausaufgaben hilft, sich an
  ein Arbeitsritual zu gewöhnen – was den Widerwillen verringert. Dazu gehören unbedingt einminütige Minipausen

etwa alle fünf bis zehn Minuten, vor allem bei Aufgaben, die das Kind als ätzend empfindet. Ein Geschicklichkeitsspiel, fünfmal um den Schreibtisch gehen, zehn Kniebeugen – Kinder kommen da schnell auf eigene Ideen. Der Küchenwecker oder eine Sanduhr begrenzen diese Pausen.

Doch alle Bemühungen um mehr Lernlust werden nicht fruchten, wenn das Leistungsmotiv unterentwickelt ist. Dann kann ein Kind nicht wollen und braucht Hilfe, um Selbstvertrauen und Zuversicht aufzubauen. Wenn Motivationsprobleme länger als drei Monate andauern, sollten Eltern nicht zögern, fachkundige Beratung in Anspruch zu nehmen, damit es nicht zu einem Teufelskreis von Lernstörung, Misserfolg und verfestigter Lernstörung kommt. In vielen Schulen gibt es Beratungslehrer als Ansprechpartner. Außerdem bietet unser Schulsystem die schulpsychologische Beratung als kostenfreien Service an; Adressen finden Sie auf www.schulpsychologie.de.

Leichter lernen mit Pausen

Unaufhörliches Büffeln führt zu Unkonzentriertheit und einer hohen Fehlerquote. Viel intelligenter ist es, das Lernen regelmäßig und kreativ zu unterbrechen

Büffeln, Ochsen, Pauken – so nannte man früher das Lernen. Die Begriffe klingen nach harter körperlicher Arbeit und passen damit eigentlich gar nicht zu den genialen Möglichkeiten des menschlichen Gehirns und seiner filigranen Architektur. Folgen wir bei unseren Betrachtungen also lieber dem amerikanischen Schriftsteller John Steinbeck, der meinte: »Die Kunst des Ausruhens ist ein Teil der Kunst des Arbeitens.«

PAUSENLOSE KONZENTRATION FÜHRT ZU MÜDIGKEIT

Wie lange schafft man es, einen spannenden Roman ohne Unterbrechung zu lesen? Und wie lange dauert es, bis man bei der Lektüre eines trockenen Fachbuches zum ersten Mal zurückblättern muss, weil man nicht mehr weiß, was man gerade eben noch gelesen hat?

Die meisten Menschen wissen aus eigener Erfahrung, dass es ein erheblicher Unterschied ist, ob man sich mit etwas Interessantem oder aber mit etwas »Ätzendem« beschäftigt. Und während man beim Romanlesen alles um sich herum vergessen kann, spürt man beim trockenen Fachbuch nach kurzer Zeit ein Kribbeln und den Wunsch nach Bewegung. Tatsächlich sinkt bei der Fachbuchlektüre der Blutdruck schneller als beim Lesen eines spannenden Romans.

Wolfgang Endres, bekannter Autor von Lernratgebern, hat einmal getestet, wie viele Rechenaufgaben eine Schülergruppe in 30 Minuten bewältigen kann. Beim ersten Mal rechneten die Kinder ohne Pause und schafften im Durchschnitt 37 Aufgaben, davon 30 richtig. An einem anderen Tag machten sie inmitten des Tests eine fünfminütige Pause, die auf die Gesamtzeit angerechnet wurde. Obwohl die Schüler also netto nur 25 Minuten Rechenzeit hatten, schafften sie durchschnittlich 40 Aufgaben, davon 35 richtig. Und an einem dritten Tag legten sie etwa alle fünf Minuten eine Minipause von einer Minute ein und kamen in den verbleibenden 25 Minuten auf 42 Aufgaben, davon 38 richtig.

Fazit: Je langweiliger oder schwieriger Schüler eine Lernsituation empfinden, desto hilfreicher sind Minipausen. Sie stabilisieren durch Bewegung den Blutdruck und beugen damit der Müdigkeit vor. Sie unterteilen den vermeintlich riesigen Berg an Aufgaben in kleine Häufchen, sodass sich das Kind leichter an die Arbeit machen kann, weil die Hemmschwelle niedriger ist. Einer kurzen Phase der Anstrengung folgt (meistens) ein Erfolgserlebnis: Dieses Häufchen ist erledigt. Damit steigt die Lust auf die nächsten Aufgaben. Ergebnis: In den (relativ) kurzen Anstrengungsphasen wird so effizient gearbeitet, dass man mit der richtigen Pausenstrategie schneller fertig wird und weniger Fehler macht als ohne Pausen.

PAUSEN VERBESSERN BLUTDRUCK UND MOTIVATION

Dabei muss jeder seinen eigenen Rhythmus herausfinden. Vielleicht braucht ein Schüler beim Rechnen häufiger Pausen als bei der Grammatikübung, ein anderer braucht sie nur beim Rechtschreibtraining, ein Dritter gar nicht. Schreibt das Kind einen Aufsatz, kann es die Pausen nach den einzelnen Arbeitsschritten einlegen: Stoffsammlung – Gliederung – Einleitung – Hauptteil – Schluss – Verbesserung. Beim Päckchenrechnen kann man entweder mit der Sanduhr arbeiten oder einfach nach allen drei, fünf oder zehn Aufgaben eine Pause einlegen. Das Prinzip lautet: Pausen so häufig wie nötig, keinesfalls aber überflüssigerweise einlegen. Ein Kind mit ADHS braucht vielleicht alle drei Minuten eine Pause, ein anderes nur alle zehn. Für manche Kinder ist der Küchenwecker eine praktische Hilfe zur Begrenzung der Pausen.

DREI ÜBUNGEN FÜR EFFEKTIVE MINIPAUSEN

Was kann man in einer Minute Pause Sinnvolles tun? Einige Beispiele:

SICH RECKEN UND STRECKEN

Ich strecke meine Arme hoch und drücke dabei den Rücken durch. Dann schwinge ich mit den gestreckten Armen mehrfach nach hinten. Oder: Ich balle und spreize die Hände im raschen Wechsel und bewege dabei die gestreckten Arme seitlich drei Mal runter und rauf. Dann fasse ich meine Hände hinter der Stuhllehne zusammen, ziehe dreimal die Schultern hoch und atme dabei jedes Mal tief ein. Jetzt kann ich weiterarbeiten.

Wenn solche Übungen bei den Hausaufgaben helfen, schneller zu sein und weniger Fehler zu machen, so nützen sie natürlich auch bei Klassenarbeiten.

Und so geht's, ohne jemanden zu stören:

HÄNDE FALTEN

Ich falte meine Hände. Ist der Daumen der rechten oder der linken Hand oben? Ich falte die Hände auf, halte aber die Handflächen aneinander. Nun verdrehe ich die Handflächen so, dass der andere Daumen vorne liegt. Ich falte die Hände wieder, also jetzt »verkehrt«, sodass der andere Daumen oben ist. Das fühlt sich ungewohnt an. Nun knete ich die gefalteten Hände drei Mal. Das wechselweise Händefalten inklusive dreimaligem Kneten wiederhole ich etwa 20-mal, dann kann ich weiterarbeiten.

Besonders zappeligen Kindern helfen Kraftübungen wie diese:

DEN STUHL DRÜCKEN

Ich setze mich aufrecht vorne auf die Stuhlkante. Anschließend greife ich mit beiden Händen seitlich unter die Sitzfläche und ziehe kräftig, als wollte ich die Kanten hochbiegen. Dabei atme ich gleichzeitig locker weiter – fünf Atemzüge lang. Nun drücke ich meine beiden Handballen links und rechts neben mir auf die Sitzfläche. Ich drücke, so fest ich kann, aber ich atme locker weiter – fünf Atemzüge lang. Dann kann ich weiterarbeiten.

Wer immer wieder solche Minipausen einlegt, kann in der Regel gut eine halbe Stunde lang konzentriert arbeiten. Geht es noch länger, braucht das Kind eine Fünf-Minuten-Pause und nach einer Stunde eine »große Pause« – entsprechend der Hofpause in der Schule.

»Der Mensch soll lernen. Nur die Ochsen büffeln«, stellte einst Erich Kästner klar. Klingt fast so, als hätte er die Pausenstrategie schon gekannt ...

Übung macht den Meister

Auch Gekonntes muss wiederholt werden – auf dass es Spuren im Gehirn hinterlässt und umso besser beherrscht wird

»3 × 8 ist wie viel?«, fragt Sandra Weiss ihren Sohn. »23?«, gibt Colin unsicher zurück. Die Mutter atmet tief durch. Seit zehn Minuten fragt sie ihren Jungen das kleine Einmaleins ab. Die Lehrerin hatte ihr bei der Zeugnisausgabe am Ende der zweiten Klasse dringend geraten, das intensiv zu tun. Es sollte »automatisiert« sein, bevor im Zahlenraum bis 1000 gerechnet würde. Und nun übt sie mit ihm, wie sie es früher auch tun musste – nach erledigten Hausaufgaben und in Form des Abfragens.

Colin lümmelt dabei auf seinem Stuhl, legt den Kopf auf die Arme, gähnt, reckt sich. Und wenn die Mutter ihn ermahnt, schaut er im Zimmer herum – Konzentration sieht anders aus.

»Übung macht den Meister«, hört und liest man überall. Doch Sandra Weiss beginnt an diesem Sprichwort zu zweifeln, fast sogar zu verzweifeln. Bei ihr als Schulkind hatte das Üben zwar offenbar funktioniert, aber Colin macht keine Fortschritte, im Gegenteil. Inzwischen unterlaufen ihm bei seinen Rechenhausaufgaben mehr Fehler als am Ende des zweiten Schuljahres. Und die Unlust schaut ihm dabei aus allen Knopflöchern.

EIN BLICK INS FOTOALBUM ZEIGT: ÜBEN MACHT SPASS!

Wenn Sandra Weiss im Fotoalbum blättert, findet sie jede Menge Bilder mit Situationen, in denen Colin als Kleinkind intensiv und mit viel Spaß übte: Laufen lernen, mit Bauklötzen Türme bauen, erste Bilder malen, auf ein Gerüst klettern ... Das Kinderleben, das zeigen diese Fotos, ist ein ständiges Üben. Dazu anhalten muss man die Kleinen nicht. Vielmehr versenken sie sich spontan und ohne jede Aufforderung in solche Tätigkeiten – und vergessen dabei Zeit und Raum um sich herum.

Zwei Unterschiede zu Colins Einmaleins-Übungen fallen sofort auf: Was er früher übte, wollte er können; er hatte Ziele. Und er hatte Zeit, so viel man ihm ließ. Außerdem bekam er immer eine unmittelbare Rückmeldung für sein Tun: Je geschickter er baute, desto höher wurden seine Türmchen; je öfter er kletterte, desto flinker war er oben auf dem Gerüst. Und wenn er dann rief: »Mama, guck mal!«, dann verstärkte die Freude der Mutter seine Anstrengungsbereitschaft.

Beim Einmaleins-Üben jedoch sieht er nicht sogleich Fortschritte – zudem tadelt seine Mutter eher Fehler, als dass sie Richtiges lobt.

Hier ein paar Tipps für erfolgreiches Üben:

- Zeitpunkt: Üben braucht Muße, Ruhe, Gelassenheit, damit es konzentriert erfolgen kann. Zeitdruck und Hektik blockieren das Lernen. Deswegen sollten Eltern mit ihrem Kind einen Zeitpunkt wählen, der sich bewährt hat. Für manche Kinder ist das abends vor dem Schlafengehen, für andere vor (statt nach) den Hausaufgaben. Am Wochenende herrscht oft weniger Stress als unter der Woche. Man sieht einem Kind an, ob seine Konzentration gerade gut oder schlecht ist.

- Dauer: »Mäßig, aber regelmäßig« ist ein gutes Übungsprinzip. Kurze Übungsphasen von drei mal zehn Minuten wöchentlich nützen mehr als eine halbe Stunde am Stück. Am besten trägt man Zeitpunkt und Dauer mit dem Kind gemeinsam in einen Wochenplan ein.

• Ziel »Können«: Das Können übt man sinnvoll in kleinen Schritten ein. Colin könnte seine 8er-Reihe beispielsweise so lernen:
  → Anfangs- und Endpunkt der Reihe: 1 × 8 / 10 × 8
  → Mittelpunkt der Reihe: 5 × 8
  → Nachbarn der drei Punkte: 2 × 8 / 4 × 8 / 6 × 8 / 9 × 8
  → Lückenfüller: 3 × 8 / 7 × 8 / 8 × 8

• Bei diesem Vierschritt erkennt das Kind Regeln: Beim Malnehmen mit 10 wird immer eine Null angehängt. 5 × ist immer die Hälfte von 10 ×.

Der Erfolg dieses Einübens wird dokumentiert, indem das Kind jede gelöste Aufgabe auf einem kleinen Karteikärtchen notiert: Aufgabe auf die Vorderseite, Ergebnis auf die Rückseite.

• Ziel »Fertigkeit«: Erst nach dem Können kommt die Steigerung der Fertigkeit, indem das Kind sein Können ausübt. Ideal fürs Einmaleins-Training sind Situationen im Supermarkt, wo man mit Sixpacks, Dreier- oder Zehnerpackungen rechnen kann. Zu Hause kann man mit den Karteikärtchen üben: Jede gewusste Aufgabe wird mit einem Bleistift-Smiley markiert. Von Mal zu Mal dürfte die Zahl der richtigen Ergebnisse zunehmen.

Ein altbewährter Übungshelfer für viele schulische Trainingsbereiche ist LÜK (= Lernen – Üben – Kontrollieren; für die Kleineren: mini-LÜK), das Übungsmöglichkeiten bis zum Alter von 13 Jahren anbietet. Die schnelle Rückmeldung durch ein Muster, das sich nach zwölf (mini-LÜK) bzw. 24 Aufgaben ergibt, wirkt stark motivierend. Man erhält LÜK im Buchhandel oder über das Internet (www.luek.de).

- Ziel »Konzentration«: Üben ohne Konzentration ist nutzlos und schadet zudem der Motivation. Hier hilft Bewegung. Zum Beispiel kann Sandra Weiss ihrem Sohn bei jeder Aufgabe einen Softball zuwerfen, den er mit seiner Antwort zurückwirft. Durch die Bewegung hat Stress keine Chance. Außerdem wird dabei viel gelacht – vor allem, wenn Mama den Ball nicht fängt.

WICHTIG: FREUDE UND DAS GEFÜHL VON SINNHAFTIGKEIT

Schriftliches Üben ist auch im Stehen möglich; wer kein Stehpult hat, nimmt einfach das Bügelbrett. Lesen funktioniert oft im Gehen besser als im Sitzen.

Übung macht tatsächlich den Meister. Anschauliche Vorbilder dafür sind Menschen, die z. B. Tai-Chi praktizieren, Texte in Kunstschrift gestalten oder Bogenschießen üben. An ihnen kann man sehen, wie ständiges Üben nicht nur eine Fertigkeit verbessert, sondern sogar die Persönlichkeit stärkt. »Meister« im alten China waren bekanntlich weise Menschen – und hörten nie auf zu üben.

Einmaleins, Lesen, Rechtschreiben oder Vokabeln zu üben macht noch nicht weise. Aber die Automatisierung von Grundfertigkeiten bahnt Spuren im Gehirn, die weiteres Lernen und Verstehen erleichtern. Das erfordert Selbstdisziplin, die durch Freude und das Gefühl von Sinnhaftigkeit gefördert wird.

Wunderwaffe Minipause

Mit einem guten Pausenmanagement können Kinder besser lernen. Wer häufiger kurz innehält, hat am Ende mehr gelernt

In einem spannenden Roman kann man meist stundenlang am Stück lesen, in einem trockenen Fachbuch nur wenige Minuten bis zu einer halben Stunde, bevor man merkt, dass man nichts mehr aufnehmen kann. Die Dauer einer ungeliebten Lektüre zeigt an, wie hoch die persönliche Konzentrationsspanne ist. Viele Schülerinnen und Schüler sehen sich mit diesem Phänomen konfrontiert, wenn sie ihre Hausaufgaben erledigen. Machen ihnen die Schularbeiten Spaß, so wie das Lesen eines spannenden Romans, ist das Konzentrieren meist überhaupt kein Problem.

Lässt die Konzentration nach, wächst das Bedürfnis nach einer Pause. Die Kinder wollen aufstehen, sich ein wenig bewegen. Möglicherweise frösteln sie sogar und möchten frische Luft schnappen. Bei einer im Sitzen ausgeübten Tätigkeit reduziert unser Körper automatisch die Kreislaufaktivität. Der Blutdruck sinkt und das Gehirn wird schlechter mit Sauerstoff versorgt. Bei sechsjährigen Schulanfängern tritt dieser Zustand nach etwa 15 Minuten ein, bei Zehnjährigen nach rund 20 bis 25 Minuten.

Abhilfe schafft ein cleveres Pausenmanagement. Wer alle fünf bis zehn Minuten eine Minipause von nur einer Minute einlegt, wird am Ende schneller mit seinen Aufgaben fertig und macht sogar weniger Flüchtigkeitsfehler. In solchen Minipausen kann Ihr Kind aufstehen, um den Tisch herumgehen, Kniebeugen machen oder mit einem Softball spielen, bis der Küchenwecker es nach einer Minute wieder an die Arbeit ruft. Erlaubt ist alles, was Spaß macht und den Kreislauf anregt.

AUF DEN ATEM KONZENTRIEREN

In der Schule und bei Klassenarbeiten darf die Minipause natürlich niemanden stören. So kann Ihr Kind beispielsweise eine isometrische Kraftübung machen, die außerdem der Zappeligkeit entgegenwirkt: Es verhakt beide Hände vor der Brust ineinander und zieht nach außen, so fest es kann. Dabei atmet es tief und regelmäßig weiter, fünf Atemzüge lang. Anschließend lockert es die hängenden Arme kurz durch Ausschütteln. Nun presst es die beiden Handballen vor der Brust gegeneinander und drückt so fest wie möglich. Auch das soll es fünf Atemzüge lang durchhalten. Abschließend sagt es sich im Stillen: »Und jetzt kann ich weiterarbeiten«.

Kinder, die während eines Tests aufgeregt sind, können sich beruhigen, indem sie sieben Atemzüge lang tief ausatmen und sich dabei ganz auf den Atem konzentrieren. Dadurch ist es möglich, das Konzentrationsniveau über die gesamte Arbeitszeit hinweg anzuheben. Spätestens nach einer Dreiviertelstunde jedoch ist eine Fünf-Minuten-Pause nötig.

Abenteuer Lesen

Es sind nur 26 Buchstaben – und doch eröffnet uns keine ande-
re Kulturtechnik einen so umfassenden Zugang zur Welt wie das
Lesen. Kindern den Spaß an Büchern zu vermitteln verspricht
vielfältigen Gewinn – nicht nur an Wissen und Lebenschancen

»Dass du diese Zeilen lesen kannst, verdankst du deinem Lehrer«, steht auf einem vor Jahren in der Schweiz verbreiteten Pla-
kat. Doch 15,4 Prozent der deutschen Zehnjährigen erreichen
laut der IGLU-Studie 2011 nicht die Lesekompetenzstufe 3 (von
fünf). Dabei ist Lesenkönnen eine unverzichtbare Voraussetzung für beruflichen Erfolg und persönliche Lebenszufrieden-
heit. Es geht nicht nur um schöne Literatur, sondern auch um
Gebrauchstexte wie Fahrpläne, Telefonbücher oder Bedienungs-
anleitungen, ob in gedruckter Form oder auf dem Bildschirm.
Lesekompetenz gilt als der entscheidende Zugang zur Bildung.
Sie ist gewissermaßen der Generalschlüssel, mit dessen Hilfe
man sich weitere lebenswichtige Kompetenzen erschließen
kann.

»Um mit Eifer lesen zu können, muss ein Kind leidenschaftlich davon überzeugt sein, dass Lesenkönnen ihm eine Welt
wunderbarer Erfahrungen erschließt«, schrieb der österreichi-
sche Kinderpsychologe Bruno Bettelheim 1981 in seinem Best-
seller *Kinder brauchen Bücher*. Bücher wecken die Vorstellungs-
kräfte und machen kreativ, weil man das Gelesene vor dem
inneren Auge sieht, weil man sich mit den Figuren der Handlung identifizieren und mitfiebern kann, weil man bei Leseun-
terbrechungen oft schon die weitere Handlung vorauszudenken
versucht. Fantasie ist eben ein wesentlicher Teil der menschlichen Intelligenz.

Darüber hinaus machen Bücher Kinder schlau. Eine Zwillings-Studie der Universität Edinburgh und des King's College London belegt, dass frühe Leseförderung bei gleicher genetischer Ausstattung die Entwicklung sowohl der sprachlichen als auch der nichtsprachlichen Intelligenz verbessert.

Und schließlich bieten Bücher Lebenshilfe. Ob es um Gefühle wie Angst geht, um Ereignisse wie die Geburt eines Geschwisterchens, Tod in der Familie oder um die Einschulung – zu allen Themen gibt es Bücher, die Kindern helfen, sich mit solchen Fragen in ihrem eigenen Tempo auseinanderzusetzen.

LESEN LÖST VIELFÄLTIGE GEHIRNAKTIVITÄTEN AUS

Der Psychologe und Hirnforscher Ernst Pöppel hat nachgewiesen, dass beim Lesen verschiedene Gehirnareale beansprucht werden. Wissenschafts- oder Dachtexte aktivieren vorwiegend die linke Gehirnhälfte. In ihnen geht es um Wortwissen, das verallgemeinerbar sein und das jeder möglichst auf die gleiche Weise verstehen soll. Bei poetischen und literarischen Texten, die mit Sprachbildern arbeiten, Gefühle thematisieren und den Leser emotional ansprechen, weist vorwiegend die rechte Hemisphäre gesteigerte Aktivität auf.

Solche Leseerlebnisse bereichern unser bildliches sowie das emotionale, intuitive Handlungswissen, also unsere Individualität, und sind vor allem in der direkten, persönlichen Kommunikation von Mensch zu Mensch gefragt. So fördert das Lesen von Büchern die emotionale wie die soziale Intelligenz – und damit die Entwicklung der Persönlichkeit.

Nun werden Bücher heute vielfach auch digital als E-Books oder Apps angeboten. Dieser Trend hat durchaus positive Auswirkungen. Die 2012 präsentierte Studie der Stiftung Lesen »Digitale Angebote – neue Anreize für das Vorlesen?« zeigt, dass bereits jede siebte Familie Bilder- und Kinderbuch-Apps nutzt. Etwa ein Fünftel der Väter, die bisher selten oder nie vorlasen, ist dem Vorlesen mit Apps gegenüber aufgeschlossen. Väter, die beides kennen, bevorzugen das Vorlesen mit digitalen Geräten, Mütter dagegen greifen lieber zum »echten Buch«. Bilderbuch-Apps enthalten Animationen, geben zur Handlung passende Geräusche wieder oder bieten ergänzende Spiele an. Das fasziniert technikbegeisterte Männer und macht auch den Kindern Spaß.

Allerdings baue ein Kind zum digitalen Medium eine weniger starke emotionale Beziehung auf als zu einem Buch, gibt der Hirnforscher Prof. Gerald Hüther zu bedenken. Einige Experten meinen zwar, Apps könnten ganz besonders Jungen den Zugang zum Buch erleichtern, andere hingegen vertreten den Standpunkt, dass ein positiver Effekt elektronischer Medien auf die Lesehäufigkeit von Kindern bislang nicht nachzuweisen sei.

Beweisbar sind allerdings Veränderungen des Leseverhaltens. »Switching, Zapping und Zooming prägen das zeitgenössische Lesen vor allem der Leser unter 30«, schreibt zum Beispiel der Osnabrücker Germanistikprofessor Christian Dawidowski. Unter dem Einfluss digitaler Medien liest man also eher quer, überblicksartig und bleibt an Auffälligem hängen, wie es der Bildung von Wortwissen und der Arbeitsweise der linken Gehirnhälfte entspricht. Eine Romanhandlung und ihre Charaktere zu verstehen, wird nicht immer gelingen, wenn man den Text nur überfliegt und die rechte Hirnhälfte dabei kaum aktiviert wird.

LESEN BILDET – UND WER GEBILDET IST, LIEST VIEL

Immerhin scheint es, als habe sich die Zahl der regelmäßigen Leser im Jugendalter trotz der elektronischen Medien nicht verringert. Die JIM-Studie 2011 (Jugend, Information, (Multi-)Media) besagt, dass 54 Prozent der Mädchen und 35 Prozent der Jungen zwischen 12 und 19 Jahren mehrmals pro Woche Bücher lesen – mehr als bei der gleichen Befragung 1998. Umgekehrt aber lesen 31 Prozent der Mädchen bzw. 51 Prozent der Jungen selten oder nie ein Buch.

Die Studie zeigt auch: Je höher die Schullaufbahn, desto häufiger wird gelesen. Die Schullaufbahn wiederum verläuft umso erfolgreicher, je mehr Bücher im Elternhaus vorhanden sind. 2010 wurde eine amerikanisch-australische Studie unter der Leitung von Prof. Mariah Evans veröffentlicht, die über 20 Jahre lief und rund 70.000 Haushalte in 27 Ländern einbezog. Hatten die Eltern einen Hochschulabschluss und gab es etwa 500 Bücher im Haus, so verlängerte sich die Ausbildungszeit ihrer Kinder später um durchschnittlich 3,2 Jahre – was einen höheren Schulabschluss bedeutet und eine um 19 Prozent höhere Chance auf einen Hochschulabschluss gegenüber bücherlosen Familien.

Selbst in bildungsfernen Familien kann ein Buchbestand ab 20 Stück laut Prof. Evans den Bildungserfolg der Kinder verbessern – je mehr Bücher, desto stärker. Optimal ist der Fördereffekt natürlich, wenn Kinder ihre Eltern auch mit den Büchern umgehen sehen und von ihnen vorgelesen bekommen.

JEDES LESEN BEGINNT MIT DEM VORLESEN

Knapp ein Drittel der Eltern von Kindern zwischen zwei und acht Jahren liest dem Nachwuchs gar nicht vor, das ergab die Vorlesestudie 2011 der Stiftung Lesen. Dabei ist das Vorlesen »eine nachhaltige Investition in die Bildungschancen der Kinder«, stellt Simone Ehmig, Leiterin des Instituts für Lese- und Medienforschung der Stiftung, fest. Es gibt nämlich einen direkten Zusammenhang zwischen Vorlesen, Lesekompetenz und Bildungserfolg. Darüber hinaus wirkt sich regelmäßiges Vorlesen auch auf die Freude an Bewegung und an musisch-kreativen Tätigkeiten aus. Vorlesen hat also ganzheitliche Fördereffekte, die für Jungen noch stärker ausfallen als für Mädchen.

Dabei geht es weniger um die vorgelesenen Inhalte als um das kuschelige Ritual, die schöne Atmosphäre, das Reden miteinander, das Zeithaben. In der Vorlesesituation können Kinder zur Ruhe kommen, sich entspannen und über das Zuhören größere Ausdauer und Konzentration entwickeln.

VORGELESEN ZU BEKOMMEN IST AUCH EIN SOZIALES ERLEBNIS

So sehen das auch die Lesepaten der Kinder- und Jugendstiftung (KIJU) in Hennef, die regelmäßig Kindergärten besuchen und dort in kleinen Gruppen vorlesen. »Die Beziehung ist am wichtigsten«, sagt Ursula Yogeshwar, Initiatorin und Geschäftsführerin des Projekts. Gelesen werden Bücher aus Empfehlungslisten der Stiftung Lesen und alles, was aus der Erfahrung heraus gut bei den Kindern ankommt, vom Wimmelbuch bis zu Gedichten und Geschichten. »Manchmal nimmt das Reden mehr Zeit in Anspruch als das eigentliche Vorlesen«, ist eine der Erfahrungen von Ursula Yogeshwar und ihren Mitstreitern.

»Noah sollte mehr lesen«, empfiehlt die Klassenlehrerin des Drittklässlers dessen Mutter beim Elternsprechtag. Aber: Wie stellt man das an bei einem Jungen, der am liebsten draußen spielt und seine Modellautos jedem Buch vorzieht? Der Versuch, ihn jeden Tag zehn Minuten Leseübungen machen zu lassen, scheitert jedenfalls grandios. Er stottert lustlos vor sich hin, ohne dass Fortschritte erkennbar wären. Da nimmt sein Vater die Empfehlung der Lehrerin zum Anlass, ein abendliches Vorleseritual einzuführen. Um halb acht setzt er sich mit Noah und seiner fünfjährigen Schwester Sarah für eine Viertelstunde auf das Bett des Mädchens. In jedem Arm ein Kind und auf dem Schoß das Buch, so gehen sie zusammen mit Jim Knopf auf die Reise, jagen mit Pünktchen und Anton den Dieb oder erleben die Unendliche Geschichte. Nach ein paar Wochen wusste Noah plötzlich, wie die Geschichte weitergeht – weil er tagsüber heimlich gelesen hatte!

Kurz darauf meldet Noahs Mutter ihn und seine Schwester in der Stadtteilbücherei an. Schon bald wählt die Fünfjährige selbstständig Bilderbücher aus und legt stolz ihren Leserausweis auf den Tresen. Noah verhält sich zunächst zurückhaltend. Erst als ihm der nette Bibliothekar die vielen Sach- und Technikbücher zeigt, fängt er Feuer – und leiht sich seither regelmäßig neue Bücher aus.

Als Noah in die vierte Klasse kommt, meldet die Lehrerin die ganze Klasse beim Online-Portal Antolin (www.antolin.de) an. Seither liest Noah nicht nur, sondern unterhält sich auch zu Hause über das Gelesene, denn hier müssen Quizfragen zu den Buchinhalten und Verständnisfragen beantwortet werden. Dass er vor einem Jahr nur langsam und stotternd gelesen und dabei kaum etwas vom Text verstanden hat – daran kann er sich heute kaum noch erinnern.

Diese Tipps helfen, Ihr Kind für Bücher zu begeistern:

- Kinder machen ihren Eltern (fast) alles nach. Wer selber Bücher liest, animiert sein Kind dazu, es ihm gleichzutun.
- Kinder sollten von klein auf mit Büchern umgehen, angefangen bei abwaschbaren Babybüchern über Bilderbücher mit Tastelementen und Wimmelbücher bis hin zu Geschichten, Kinderromanen und Sachbüchern.
- Eine anregende Umgebung bietet die Leihbücherei. Schon Dreijährige legen stolz ihren Leseausweis vor, wenn sie ein Buch mit nach Hause nehmen wollen.
- Vorlesen heißt immer auch Kuscheln und miteinander über das Buch reden. Das stärkt die Eltern-Kind-Beziehung und weckt das Interesse des Kindes am Buch. Hörbücher hingegen haben geringere Fördereffekte.
- Bilder- und Kinderbücher als App auf Smartphone und Handy sind eine schöne Ergänzung zum gedruckten Buch. Eltern sollten ihr Kind aber auf keinen Fall damit allein lassen, sondern sie nur gemeinsam nutzen.
- Gelesenes zu malen oder nachzuspielen, etwa mit Handpuppen oder im Rollenspiel, fördert sowohl die gedankliche als auch die emotionale Verarbeitung der Inhalte.
- Haben Kinder Fragen, zu denen man Antworten in Büchern finden kann, sollte man mit ihnen gemeinsam darin blättern, lesen und darüber sprechen.
- Die Informationssuche im Internet mit speziellen Suchmaschinen für Kinder (z. B. www.fragfinn.de, www.helles-koepfchen.de oder www.blinde-kuh.de) animiert gleichfalls zum Lesen.
- Eltern können ihr Kind auf Artikel in Zeitungen, Zeitschriften, Katalogen u. a. m. aufmerksam machen, wenn sie in seinem Interessenshorizont liegen.

- Das Abonnement einer Kinderzeitschrift ist ein Geschenk, das über ein ganzes Jahr hinweg Freude machen kann. Auf www. stiftung-lesen.de finden interessierte Eltern unter »Service« eine Liste von Kinder- und Jugendzeitschriften mit Qualitäts-siegel.

- Ist Lesen mit Freude verbunden, motiviert es. Empfinden Kinder Zwang beim Lesen, werden Vermeidungstendenzen verstärkt. Phasen des Nichtlesens sind im Kindes- und Jugendalter normal. Wer die Freude an Büchern kennt, wird auch wieder zu ihnen zurückkehren.

- Lesen für die Schule zu üben ist motivierender, wenn Eltern und Kind abwechselnd lesen.

- Leseübungen im Stehen und Gehen funktionieren oft besser als im Sitzen.

- Leseübungen am Abend verlaufen in vielen Familien entspannter als am Nachmittag. Zum Abschluss gibt es dann die kuschelige Gute-Nacht-Geschichte.

Lernort Bibliothek

In Büchereien tauchen Kinder spielerisch in die wunderbare Welt des Lesens ein

Immer wieder hört und liest man im Zusammenhang mit Schulvergleichsstudien von der geringen Lesekompetenz der Schülerinnen und Schüler. Aus Kindern werden Erwachsene – etwa 7,5 Millionen von ihnen, 14 Prozent aller Erwerbstätigen, können nach einer Studie der Universität Hamburg von 2011 keine einfachen Texte lesen oder schreiben. Dabei zählt die Lesefähigkeit zu den wichtigsten Schlüsselkompetenzen unserer Zeit: In fast allen Schulfächern, in jeder Ausbildung und auch im Berufsalltag muss man sich wesentliche Inhalte »erlesen«, am PC natürlich erst recht. Die vielgepriesene Medienkompetenz ist ohne Lesekompetenz nicht erreichbar.

Den Grundstein für die Lesefähigkeit legt nicht die Schule, sondern die Eltern, denn schon die Sprachentwicklung des Kindes ist von großer Bedeutung dafür. Wer von klein auf mit Büchern umgeht, gewöhnt sich daran, sie zur Hand zu nehmen, darin zu blättern und hier und da an Bild oder Text hängen zu bleiben. Lesende Eltern regen Kinder zur Nachahmung an. Die Zahl der zu Hause vorhandenen Bücher ist tatsächlich ein wichtiger Indikator für eine erfolgreiche Schullaufbahn: Je mehr es sind, desto größer sind die Chancen des Kindes aufs Abitur. Aber wo könnte ein Kind besser mit Büchern vertraut gemacht werden als in der Bibliothek? Selbst in kleinen Orten gibt es die Gemeindebücherei. Für Kinder ist der Mitgliederausweis häufig kostenlos, denn die Leseförderung gilt als wichtige Aufgabe der öffentlichen Hand. Büchereien organisieren Autorenlesungen oder laden Kindergartengruppen und Schulklassen zum Stöbern ein. Sogar Lesenächte werden veranstaltet, bei denen das

Vorlesen und anschließende Schmökern mit der Taschenlampe die Lust aufs Buch fördern.

INFORMIEREN UND KOMMUNIZIEREN

In Großstädten ist das Angebot der Bibliotheken noch reichhaltiger. Es reicht von der Krabbelgruppe zur Sprach- und Sinnesförderung über frühkindliche Leseförderung bis zum Leseclub für Schulkinder, in dem diejenigen, die ein Lesetagebuch führen, Punkte sammeln können und mit Preisen belohnt werden. Für ältere Schüler gibt es in der Stadtbibliothek Köln sogar Beratung für das Recherchieren und Erstellen von Referaten und Facharbeiten, sodass Lese- und Medienkompetenz zusammen gefördert werden. Bücher und Internet müssen nicht konkurrieren, beide Welten können einander sinnvoll ergänzen.

In Nordrhein-Westfalen hat die Landesregierung das Projekt »Lernort Bibliothek – zwischen Wunsch und Wirklichkeit« ins Leben gerufen. In immer mehr Büchereien wurden Räume geschaffen, in denen Schülerinnen und Schüler lernen, sich zu informieren und zu kommunizieren, wo sie Präsentationen erstellen und neue elektronische Spiele ausprobieren und ausleihen können. Den Kontakt zu dieser wunderbaren Einrichtung Bibliothek, diesem Tor zu Bildung, Persönlichkeitsentfaltung und besseren Zukunftschancen, können am besten Sie herstellen – die Eltern.

Wenn Zahlen Rätsel aufgeben

Für Kinder mit einer Rechenschwäche stellen selbst einfache Aufgaben eine unüberwindliche Hürde dar. Umso mehr kommt es darauf an, ihnen früh und gezielt zu helfen

Fabians Mutter ist verzweifelt. Sie hat ihren Filius gerade raus zum Spielen geschickt, denn alles Üben brachte nichts. 17 + 6 ergab 13 und 9 + 4 sollte 12 sein. Gestern noch schien er den Zehner-Übergang verstanden zu haben, doch heute ist alles wieder vergessen. Minusaufgaben lösen totale Verwirrung aus – das Subtrahieren ist ein reines Ratespiel. Ob es ihm an der nötigen Intelligenz fehlt, um mit den Anforderungen des ersten Schuljahrs zurechtzukommen?

Was Fabians Mutter nicht weiß: Rund 5 Prozent aller Kinder haben – unabhängig von ihrer Intelligenz – ähnliche Probleme wie Fabian. Es handelt sich um eine sogenannte Teilleistungsstörung, die nur den mathematischen Bereich betrifft, während die Leistungen in den übrigen Schulfächern normal bis überdurchschnittlich ausfallen können.

Obwohl Dyskalkulie also relativ verbreitet ist, kennen sich manche Lehrkräfte nicht damit aus. Dabei hat die Störung Krankheitswert, weil sie mit viel Leid verbunden ist – und hat Aufnahme in medizinische Diagnosesysteme gefunden. Trotzdem bezahlen die Krankenkassen in der Regel keine Dyskalkulie-Therapie.

DYSKALKULIE HAT MEIST MEHRERE URSACHEN

Rechenschwäche hat zahlreiche Ursachen; sie ist »multifaktoriell« bedingt:

- Konstitutionell gibt es Hinweise auf Erbfaktoren. Häufig spielen Wahrnehmungsbeeinträchtigungen eine Rolle, Fehlfunktionen in der Hirnrinde (»minimale cerebrale Dysfunktion«) oder Entwicklungsverzögerungen und anderes mehr.

- In der Familie und im sozialen Umfeld kommt es auf gezielte, die Entwicklung des Kindes begünstigende Anregungen an. Sogar gesunde, vollwertige Ernährung spielt eine positive Rolle. Daneben gibt es seelische Risikofaktoren wie beispielsweise große Ängstlichkeit.

In der Schule kommt es darauf an, dass der Unterricht den unterschiedlichen Lernweisen der Kinder durch angemessene Differenzierung gerecht wird. Zum einen streut das »Entwicklungsalter« beim Schulstart um plus/minus anderthalb Lebensjahre. Zum anderen lernen Kinder unterschiedlich: mit mehr oder weniger Veranschaulichungshilfen, mehr übers Hören oder Sehen oder das Tun mit den Händen.

Letztlich verfügen rechenschwache Kinder über eine gewisse Fehlerlogik. Sie weisen eigene, subjektive Denkstrukturen in Bezug auf Zahlen, Mengen und Rechenoperationen auf, die Fachleute meist schnell erkennen.

Für wirksame Hilfe muss zunächst eine klare Diagnose gestellt werden. Weil das Wissen um Dyskalkulie auch heute nur lückenhaft verbreitet ist, wird sie bei vielen Betroffenen nicht rechtzeitig erkannt. Daraus erwachsen ständige schulische Misserfolge, die sekundäre Symptome entstehen lassen: Selbstzweifel; Entmutigung und Demotivierung durch häufige Kritik an ausbleibenden Lernfortschritten. Aus negativen Lernerfahrungen können auch Verhaltensauffälligkeiten wie Kaspern oder depressive Verstimmungen resultieren.

Je frühzeitiger eine Diagnose gestellt wird, desto eher können die Rechenprobleme überwunden und Sekundärsymptome verhindert werden. Erste, kostenfreie Ansprechpartner sind die Fachleute in den Schulpsychologischen Beratungsstellen (Adressen unter www.schulpsychologie.de). Doch da sie in der Regel keine therapeutischen Maßnahmen durchführen dürfen, sind Ratsuchende danach auf den kommerziellen Bildungsmarkt angewiesen. Nachhilfe hingegen ist keine Lösung, weil sie nicht an die Wurzeln des Problems rührt. Doch gibt es integrative Lerntherapeuten (Adressen unter www.lerntherapie-fil.de) und spezialisierte Institute zur Therapie der Rechenschwäche.

ELTERN KÖNNEN DIE THERAPIE WIRKUNGSVOLL UNTERSTÜTZEN

Lerntherapeuten und Institute werden die schulpsychologischen Befunde aufgreifen und eine qualitative Fehleranalyse durchführen. Sie erstellen ein individuelles Fehlerprofil und klären die psychologische Umfeldsituation ab. Auf dieser Grundlage entwickeln sie für jedes Kind ein eigenes Therapiekonzept. Einen Kostenzuschuss für die Dyskalkulietherapie können Eltern beantragen, wenn die Therapieeinrichtung eine Zulassung für die Abrechnung mit dem Jugendamt hat. Das sollte man gleich bei der Kontaktaufnahme klären.

Wie unser Eingangsbeispiel zeigt, hilft selbst viel Üben nicht. Dennoch können Eltern die Arbeit der Experten und Therapeuten zu Hause wie folgt unterstützen:

- Sie ermutigen ihr Kind und geben ihm viel emotionalen Rückhalt, damit es seine Misserfolge gut verdaut. Außerdem helfen ihm gesunde Ernährung, ausreichender Schlaf, aktive Freizeitgestaltung und ein geregelter Alltag.

- Darüber hinaus sind Erfolgserlebnisse in anderen Bereichen wichtig – ob beim Sport, im musischen Bereich oder bei sonstigen Hobbys und Interessen.

- Sie fördern auf spielerische Art die Vorstellungsfähigkeit mit »Kopfspaziergängen« durch die Wohnung, das »Übersetzen« von Bildergeschichten in Sprache oder durch das Ertastenlassen von Gegenständen unter einem Tuch.

- Sie mathematisieren die Umwelt, z. B. durch das Zählen von Treppenstufen oder das Messen von Zutaten beim Kochen und Backen.

- Zahlen lassen sich auch mit dem Körper erfahren: mit Hand oder Fuß klopfen, vorwärts oder rückwärts schreiten, hüpfen, auf Trommeln schlagen, Vater oder Mutter auf den Rücken schreiben u.v.m.

Je mehr Eltern über die Rechenschwäche wissen, desto besser können sie ihr Kind verstehen und ihm helfen. Infos und Beratung gibt es hier: Bundesverband Legasthenie & Dyskalkulie e.V. (www.bvl-legasthenie.de)

Diktatur der Diktate

Diktate üben kann für Eltern und Kinder gleichermaßen frustrie-
rend sein. Doch es gibt auch Lernmethoden, die Spaß machen!

Daniels Mutter ist verzweifelt. Das Üben fürs nächste Diktat en-
dete mal wieder in einer Katastrophe. Erst hatte Daniel sich ge-
sträubt. Als die Mutter ihm schließlich seine Lernwörter diktier-
te, machte er die unmöglichsten Fehler und flippte völlig aus, als
sie ihn korrigieren wollte. Tränen auf beiden Seiten waren die
Folge.

Solche Erfahrungen machen viele Eltern. Dabei ist offensichtlich, dass es Bedingungen gibt, die sich lernhemmend auswirken: Widerstand, weil dem Kind Erfolgserlebnisse fehlen
und es sich dann beim Üben nicht konzentrieren kann; Streit,
der alles Nachdenken blockiert; Stress, der verhindert, dass das
Frontalhirn seine normale Leistung erbringt.

Aber natürlich gibt es auch Bedingungen, die sich förderlich
aufs Lernen auswirken:

- Eine regelmäßige und in einem Stundenplan für zu Hause
  eingetragene Übungszeit erhöht die Übungsbereitschaft.

- Der Zeitpunkt des Übens sollte so liegen, dass die Konzentration gut ist. Es ist oft besser, abends zehn Minuten in entspannter Atmosphäre zu arbeiten, als gleich nach den Hausaufgaben.

- Wer mit dem Kind übt, sollte geduldig und gelassen sein,
  um keinen lernhemmenden Stress zu erzeugen.

- Regelmäßiges Üben in kleinen Portionen von 10 bis 15 Minuten ist viel effektiver als massives Üben, denn die Konzentrationsspanne ist sehr begrenzt.

- Die Art des Übens sollte dem Kind Freude machen.

Aber: Kann denn Rechtschreibtraining Freude machen? Ja: Wenn Bewegung im Spiel ist und viele Sinne angesprochen werden, wird das Üben sinnvoll und macht Spaß, z. B. mit der von mir entwickelten Schubs-Methode. Dabei werden nur jene einzelnen Wörter geübt, die noch nicht sitzen. Und das geht so:

- Das Wort wird mit dem Finger auf den Tisch, an die Wand oder Tür geschrieben, langsam und deutlich, damit der Übungshelfer es lesen kann.

- Das Kind schreibt das Wort mit dem Finger an die Zimmerdecke und buchstabiert es gleichzeitig.

- Es tanzt »Silbenballett«, indem es das Wort silbenweise spricht und zu jeder Silbe einen Seitwärtsschritt nach rechts macht und synchron mit dem Schreibarm einen Silbenbogen in die Luft malt.

- Am Ende schreibt es das Übungswort auf eine Karteikarte und notiert Ableitungen und verwandte Wörter darunter, die es sich überlegt oder im Schülerduden nachschlägt.

- Mit den Karteikarten werden Wortdiktate veranstaltet und der Erfolg nach dem Prinzip der Lernkartei kontrolliert.

Diktate zu schreiben oder Rechtschreibregeln zu pauken, bringt für die Rechtschreibkompetenz der meisten Kinder nicht die erwünschten Fortschritte. Üben mit dem Ansprechen mehrerer Sinne und Bewegung hingegen macht Freude und führt zu nachhaltigerem Lernerfolg.

Tipp: Auf www.schulberatungsservice.de können Sie in der Rubrik »LRS-Konzept« eine Beschreibung der Schubs®-Methode herunterladen. Eine Kopiervorlage des Stundenplans für zu Hause können Sie unter traebert@schubs.info kostenfrei anfordern.

Mathe & Co. – auch in den Ferien?

Lieber unbeschwert den Sommer genießen oder doch besser ab und zu eine Lerneinheit einschieben? Wann – und wie viel – Pauken in den Ferien wirklich sinnvoll ist

Unsere Kinder freuen sich zu Recht, wenn der Schulstress endlich eine Sommerpause einlegt. Nicht wenige Eltern wollen ihren Nachwuchs jedoch auch in den großen Ferien fördern und somit seinem Schulerfolg ein wenig auf die Sprünge helfen. »Mark soll in den Ferien aufarbeiten, was ihm die Deutschnote verdorben hat«, erklärte mir beispielsweise einmal eine Mutter ihre gut gemeinte Absicht. Ihr Sohn hatte wegen seiner Rechtschreibprobleme im Zeugnis »nur« eine Drei im Fach Deutsch bekommen.

ES GIBT GUTE GRÜNDE, IN DEN FERIEN ZU LERNEN

Manche Experten empfehlen in solchen Fällen, die erste Hälfte der Ferienzeit für unbeschwerte Erholung zu nutzen. In der zweiten Hälfte sollte der Schüler dann seine Lernzeit bis kurz vor Ferienende systematisch steigern, von einer Viertelstunde bis hin zu einer Stunde am Tag, bei größerem Nachholbedarf auch mehr.

Doch zuvor müssen einige wesentliche Fragen beantwortet werden. So sollten sich Eltern zunächst einmal klarmachen, warum ihr Kind überhaupt während der Ferien lernen soll. Denn allein der Wunsch, seine Leistung zu steigern, rechtfertigt noch nicht, seine Erholung mit Arbeit zu beeinträchtigen. Schließlich erreichen die wöchentlichen Arbeitszeiten von Grundschulkindern mittlerweile oft schon das Niveau erwachsener Arbeitnehmer. Gute Gründe, in den Ferien ein gewisses Lernpensum zu absolvieren, können hingegen sein:

- wenn die Versetzung nur durch eine Nachprüfung am Ende der Sommerferien gerettet werden kann;

- wenn sich größere Lernlücken entwickelt haben, z. B. durch eine längere Krankheit oder besonders belastende Familienverhältnisse (Trennung der Eltern, Tod eines Familienmitglieds etc.);

- wenn durch einen Schulwechsel der Wissensstand eines Kindes geringer ist als der seiner neuen Klassenkameraden;

- wenn ein Kind an ADS mit oder ohne Hyperaktivität leidet oder aus anderen Gründen nicht ohne konsequente Hilfestellung zu regelmäßiger, systematischer Arbeit fähig ist.

In solchen Fällen ist maßvolles Lernen während eines Teils der Ferienzeit sinnvoll, weil es einer Überforderung im bevorstehenden Schuljahr vorbeugen kann. Muss ein Kind ein Schuljahr wiederholen, ist dies jedoch ein denkbar schlechter Grund für Ferienpaukerei: Die meisten Mädchen und Jungen würden eine entsprechende elterliche Anordnung als Strafe empfinden – was wiederum effektives Lernen verhindert. Wer ohne eigenen Antrieb oder gar gegen seinen Willen büffeln soll, wird nicht davon profitieren, denn die sogenannte intrinsische Motivation ist eine wichtige Lernvoraussetzung.

BESONDERS WICHTIG: INDIVIDUELLE VORBEREITUNG

Die nächste dringliche Frage lautet: Was soll in der unterrichts-freien Zeit überhaupt gelernt werden? Wenn die Rechtschrei-bung schwach ist, führen reines Diktattraining und Abschrei-be-Übungen meist nicht zum gewünschten Erfolg. Und lassen die Leistungen in Mathematik zu wünschen übrig, kann die Ur-sache unter Umständen eine Rechenschwäche sein. Um sinnvoll üben zu können, ist es deshalb nötig, im Gespräch mit der Leh-rerin oder der Schulpsychologin das Lernpensum für die Ferien zu besprechen, die geeigneten Übungsformen zu bestimmen und gegebenenfalls das geeignete Lernmaterial (Übungspro-gramme, Arbeitshefte usw.) zu besorgen. Für manche Zwecke sind Lernprogramme für den Computer sinnvoll. Lehrkräfte oder Schulpsychologen können geeignete Software empfehlen.

LERNEN HEISST NICHT IMMER, ÜBER BÜCHERN ZU SITZEN

Wer sagt, dass nur das Büffeln über Büchern und Heften Kinder weiterbringt? Gerade in den Ferien bieten sich informelle Situa-tionen an, um Lern- und Arbeitstechniken einzuüben und die kindliche Lernmotivation zu stärken. Schon die Urlaubsplanung der Familie kann ein spannendes Projekt sein, in dem z. B. Infor-mationen recherchiert und Materialien besorgt werden. Auch Routenplanung und Budgetberechnung sind anspruchsvolle und interessante Aufgaben. Im Urlaub selbst gibt es ebenfalls zahlreiche Möglichkeiten, mit viel Spaß dazuzulernen, etwa beim Fotografieren, Prospektesammeln oder durch das Schrei-ben eines Reisetagebuchs. Wahrnehmungsförderung durch bewusstes Lauschen, Schauen, Fühlen und Tasten in der fremden Natur, bildende Gesellschaftsspiele am Abend oder Buchstabier-übungen während Autofahrten – dem spielerischen Lernen im Urlaub sind kaum Grenzen gesetzt.

Wie auch immer Sie in den Ferien vorgehen wollen: Die Er-holung, die sich Ihr Kind verdient hat, darf nicht zu kurz kom-men! Wenigstens zwei Ferienwochen sollten deshalb völlig lern-frei sein. Und nach der alten Regel »Weniger ist mehr« führen kleine Übungseinheiten während der restlichen Zeit am ehesten zum Erfolg.

Zeitmanagement für Schulkinder

Schon Grundschüler haben einen prallgefüllten Terminkalender. Eine Wochenübersicht hilft, Pflichttermine und Freizeit aufeinander abzustimmen – und selbstständig zu werden

Einmal erzählte mir eine Mutter im Beratungsgespräch unter Gähnen: »Heute früh hat Sven mich um 5 Uhr geweckt und gemeint, wir müssten noch Mathehausaufgaben machen.« Das ist beileibe kein Einzelfall. Spätestens bei solchen Vorfällen wird deutlich, wie wichtig es ist, dass Kinder frühzeitig lernen, sich zeitlich zu organisieren.

Das Wort »Zeitmanagement« klingt in Bezug auf das Leben von Kindern zunächst recht bedrohlich. Eigentlich sollte unser Nachwuchs möglichst entsprechend seiner Eigenzeit leben können. Aber einerseits hat die Flexibilisierung in der Arbeitswelt dazu geführt, dass das Alltagsleben in vielen Familien keinen regelmäßigen Rhythmus mehr hat. Andererseits führt der Wunsch nach bestmöglicher Förderung unserer Kinder zu zahlreichen Terminen neben der Schule und den Hausaufgaben. Da kommen wir ohne Zeitplanung nicht mehr zurecht.

Ein erstes Hilfsmittel dafür ist die Wochenübersicht in Form eines Stundenplans, der auch Samstag und Sonntag sowie den Nachmittags- und Abendbereich bis zur Schlafenszeit umfasst. Darin trägt Ihr Kind alle Unterrichtsstunden des Schulvormittags ein, wie im normalen Stundenplan auch. Gibt es nachmittags zeitliche Verpflichtungen im Zusammenhang mit Schule, wie AGs oder Betreuung, so werden sie mit einem farbigen Stift im Plan eingerahmt. Die Zeiten des Mittag- und Abendessens markiert es auf die gleiche Weise mit einer zweiten Farbe.

FARBIGE MARKIERUNGEN SCHAFFEN KLARHEIT

Regelmäßig wiederkehrende Termine wie Fußballtraining, Reiten, Musikschule, Ergotherapie oder Nachhilfe rahmt Ihr Kind mit einer dritten Farbe ein. Dabei soll es auch die Wegezeiten von zu Hause zum Termin und zurück mit erfassen, denn die sind ja für nichts anderes nutzbar. Nun können die Hausaufgaben- und Lernzeiten eingerahmt werden. Mehr als eine Stunde pro Tag sollte das im Grundschulalter nicht sein. Abschließend schraffiert Ihr Kind die noch freien Flächen im Plan in seiner Lieblingsfarbe, damit es sieht, dass es auch noch ein Leben neben den Terminen gibt.

Wenn Sie aber feststellen, dass kaum mehr freie Flächen übrig sind, wird es höchste Zeit, den Terminplan zu entrümpeln, denn Kinder brauchen, mehr noch als Erwachsene, zeitliche Freiräume zum spontanen Spielen oder auch zum »Chillen«. Freizeitstress ist ebenso gesundheitsgefährdend wie Schulstress!

Der Sinn eines solchen Planes ist es, die kindlichen Freizeit- und Erholungsbedürfnisse zu garantieren und dabei gleichzeitig die schulischen Pflichten mit Regelmäßigkeit zu erledigen. Meist muss der erste Plan nach zwei bis drei Wochen der Erprobung noch einmal gemeinsam überarbeitet werden, weil er sich im Alltag als stellenweise unrealistisch erweist. Außerdem sind verschiedene Pläne für Sommer und Winter wegen der unterschiedlichen Zeiten des Spielens im Freien sinnvoll.

BALD KANN DAS KIND SEINE EIGENEN PLÄNE GESTALTEN

Mit Hilfe des Planes können die Kinder nach und nach Eigenverantwortung für das Einhalten ihrer Termine entwickeln.

Hausaufgaben sind genauso wie das Fußballtraining die Sache des Kindes selbst. Deswegen ist es günstig, am Vorabend oder beim Frühstück genügend Zeit einzurichten, um den Tagesplan zu besprechen und ihn an die Familien-Pinnwand zu hängen. Ein Notizzettel reicht dafür aus. Darauf stehen die Punkte des Tages aus der Wochenübersicht plus aktuelle Besonderheiten: Abfahrtszeiten, Treffpunkte, Sondertermine wie z. B. ein Arztbesuch.

Gelingt es Ihnen, das Verfahren ein paar Wochen lang konsequent zu praktizieren, wird Ihr Kind zusehends selbstverständlicher mit dieser Hilfestellung umgehen und möglicherweise bald anfangen, seine eigenen Pläne zu machen.

Damit der Beginn der Hausaufgaben plangemäß erfolgt, können Sie Ihr Kind an ein Ritual gewöhnen: Bevor es vom Mittagessen aufsteht, stellt es einen Wecker auf die Hausaufgabenzeit ein. Viele Kinder haben ein Handy oder eine Armbanduhr mit Weckfunktion. Schließlich muss ihm klar sein, dass eine zeitliche Verschiebung seiner Hausaufgaben zu einer Verschiebung oder gar einem Ausfall der Freizeittermine führt – Schule hat nun einmal die höchste Wichtigkeitsstufe. Schulkinder haben normalerweise ein lebhaftes Interesse daran, in möglichst kurzer Zeit mit ihren »Hausis« fertig zu werden. Das Mittel für ein zügigeres Arbeiten heißt – wieder einmal – Planung:

1. Im Hausaufgabenheft nummeriert Ihr Kind seine heutigen Pflichten in der Reihenfolge, in der es sie erledigen will.

2. Es schreibt neben jede Aufgabe die geschätzte Arbeitszeit. Wen der Zeitdruck blockiert, lässt das bleiben. Schon das Überschlagen der geschätzten Gesamtzeit fördert die Motivation anzufangen, weil Ihr Kind sieht, dass es nicht »ewig« dauern wird bis zum Arbeitsende.

3. Pausen verkürzen die Gesamtarbeitszeit, wenn sie so oft wie nötig und so kurz wie möglich eingelegt werden. Bei stressigen Aufgaben braucht man mehr, bei anderen weniger Pausen. Eine Minute Bewegung alle fünf Minuten verhilft als Minipause zu gleichmäßig guter Konzentration über eine halbe Stunde hinweg oder gar länger.

Kinder, die ihre Zeit planvoll organisieren, nutzen den Tag besser und arbeiten regelmäßiger – eines der Rezepte erfolgreicher Schüler.

Besser gemeinsam als einsam

Das nachmittägliche Lernen sorgt in vielen Familien für Stress. Kleingruppen, in denen Kinder ihre Hausaufgaben zusammen erledigen, können eine gute Lösung für alle sein

»Meist will Roger mit seinen Hausaufgaben gar nicht erst anfangen«, erzählt mir Inga Reuter im Beratungsgespräch. »Wenn ich ihn dann endlich am Tisch habe, muss er erst noch Stifte spitzen, den Hamster füttern oder einen Freund anrufen.« Während sie erzählt, wird ihre Stimme immer lauter, denn die Hausaufgabensituation macht ihr zu schaffen. Sie ist überzeugt, dass ihr Sohn keinen Strich tun würde, wenn sie nicht täglich hinter ihm her wäre.

HAUSAUFGABEN SIND NICHT SACHE DER ELTERN

So oder so ähnlich geht es vielen Eltern. In rund der Hälfte aller Familien mit Schulkindern gibt es nahezu täglich Stress wegen der Hausaufgaben. Oft gipfeln die Diskussionen in handfestem Streit, Türenknallen und Tränen.

Dabei müsste das alles nicht sein, denn die meisten Lehrer wünschen sich, dass die Kinder ihre Hausaufgaben selbstständig erledigen. Nur so können die Pädagogen erkennen, ob ihre Schüler den Stoff wirklich verstanden haben. Damit entsprechen sie auch den schulrechtlichen Vorgaben, die eindeutig sind: »Die Hausaufgaben ... sind so zu stellen, dass sie der Schüler ohne fremde Hilfe in angemessener Zeit erledigen kann« (§10, Abs. 2 der Notenverordnung in Baden-Württemberg). Ähnliche Formulierungen gibt es in allen anderen Bundesländern.

STRESS, STREIT UND ÄRGER BLOCKIEREN DAS LERNEN

Seit rund 100 Jahren wird in der Pädagogik zu Hausaufgaben geforscht. Wir wissen heute sehr genau, unter welchen Bedingungen sie den Schulerfolg fördern, nicht zuletzt dank Psychologie und Hirnforschung. Stress z. B. kann jene Gehirnregionen blockieren, die zum logischen Denken und Speichern von Gedächtnisinhalten gebraucht werden. Angst löst Fluchtreflexe aus und führt zum berühmten »Brett vor dem Kopf«. Eine entspannte Situation und gute Laune hingegen sind förderlich – Freude ist das »Vitamin F des Lernens«.

Eine angespannte Situation zwischen Eltern und Kind steht also dem zügigen und effektiven häuslichen Lernen diametral entgegen. Kinder brauchen Eltern, die ihnen liebevoll zugetan sind. Sie wollen sie aber nicht als verlängerten Arm der Schule. Natürlich finden sie es bequem, wenn Mama oder Papa ihnen bei den »Hausis« hilft und dabei auch ordentlich Denkarbeit abnimmt. Das aber fördert ebenso wenig ihren Lernprozess wie Stress mit den Eltern. Denn wichtig ist nicht, was am Ende im Heft steht, sondern was im Kopf des Kindes passiert: Nur selber denken macht schlau!

Ein bewährter Ausweg aus dem täglichen Hausaufgaben-Dilemma ist es, Kinder ihre Hausaufgaben gemeinsam erledigen zu lassen. Die Rede ist hier jedoch nicht von einer stillen Hausaufgabenstunde im Rahmen einer Offenen Ganztagsschule mit vielen Schülern in einem Raum. Ich meine eine kleine Gruppe von zwei bis vier Kindern, die nicht nur beieinandersitzen, sondern auch miteinander über ihre Aufgaben reden.

ZUSAMMEN LERNEN IST EFFEKTIV UND MACHT SPASS

Die Schüler dürfen nicht nur, sie sollen einander sogar gegenseitig helfen und erklären, denn dabei durchdenken sie den Lernstoff aktiv und erleben Selbstwirksamkeit. Gemeinsam erzielte Erfolge lösen besonders große Freude aus und verstärken die Motivation ungeheuer.

Eltern können ihre Kinder schon nach den ersten Schulmonaten zu kooperativen Hausaufgaben animieren – und sollten dafür bestimmte Rahmenbedingungen schaffen:

- Ein konstanter Termin für die Hausaufgabengruppe erleichtert den Schülern, einen Arbeitsrhythmus zu entwickeln.

- Der Arbeitsplatz der Gruppe sollte entweder immer der gleiche sein oder Woche für Woche von Familie zu Familie »wandern«, damit sich eine Routine entwickeln kann.

- Ein Erwachsener sollte erreichbar, aber nicht im Zimmer anwesend sein. Wenn die Kinder ihn um Hilfe bitten, sollte er sie dazu animieren, miteinander über die Aufgabe zu sprechen. Meist finden sie dann alleine eine Lösung.

- Lachen und Lärmen von Kindern sind oft produktiver, als Erwachsene denken. Beklagt sich aber ein Kind über zu viel Unruhe, sollte die Gruppe mit Hilfe der Erwachsenen Verhaltensregeln aufstellen, zu denen auch eine verbindliche stille Phase während der Hausaufgaben gehören kann.

- Streitigkeiten unter Kindern sind normal. Sie müssen streiten, um zu lernen, wie man sich wieder verträgt. Deswegen ist eine Einmischung meist nur sinnvoll, wenn Kinder darum bitten.

- Die Hausaufgabenkontrolle erfolgt normalerweise in der Schule, auch Fragen der Kinder werden in der Regel dort geklärt. Eltern sollten aber trotzdem Interesse an den Hausaufgaben zeigen, sich zwischendurch die bereits erledigten Aufgaben erklären lassen und die Fortschritte der Kinder anerkennen.

EIN GROSSER GEWINN FÜR KINDER UND IHRE FAMILIEN

Solche Hausaufgabengruppen entlasten nicht nur das Klima in den Familien, sondern fördern vor allem die beteiligten Kinder: Sie haben die bestmögliche Chance, eine positive Einstellung zum Lernen zu entwickeln, weil viel Freude im Spiel ist und Teamwork trainiert wird. Kognitiv profitieren sie vom aktiveren Lernen in der Gruppe; Selbstständigkeit und Selbstwertgefühl können nebenbei wachsen. Wenn Kinder Hausaufgaben gemeinsam erledigen, ist das ein Gewinn für alle Beteiligten.

Gelassen zum Schulerfolg

Druck und Anspannung erleben Kinder heute oft schon in der Grundschule. Eltern sollten daher darauf achten, zu Hause nicht auch noch Stress zu machen

Unsere Zeit gilt als stressig. Manche Menschen scheinen sogar zu glauben, Stress sei der Nachweis von Tüchtigkeit und Erfolg. Doch das Gegenteil ist der Fall: Unsere Leistungsfähigkeit ist am höchsten, wenn wir zwar angeregt, aber nicht durch Stress blockiert sind.

ANREGUNG GEHT NICHT OHNE ENTSPANNUNG

Das englische Wort »Stress« bedeutet Druck, Anspannung. Dabei unterscheidet man zwischen anregendem »Eustress« (guter Stress) und belastendem »Disstress«. Ein gewisser Pegel von Adrenalin und weiteren Stresshormonen verhilft zu einer besseren Fokussierung und Konzentration. Das brauchen Rennfahrer genauso wie Schauspieler und Schüler.

Wird aus der Anregung jedoch ein Dauerzustand ohne Phasen der Entspannung oder steigt der Pegel an Stresshormonen über das anregende Maß hinaus an, dann entstehen Leistungsstörungen und gesundheitliche Belastungen. Wenn unsere Steinzeitvorfahren bei Auseinandersetzungen mit wilden Tieren Stress empfanden, half ihnen das, zu überleben – indem sie intuitiv die Flucht ergriffen oder sich dem Kampf stellten. Dieses Stressprogramm ist auch in uns heutigen Menschen genetisch verankert. In schulischen Stresssituationen jedoch ist es unbrauchbar, denn Flucht, Kampf oder Totstellen helfen hier nicht weiter.

Da es in der Schule im Hinblick auf Zensuren, Zeugnisse und Versetzung letztlich immer um Erfolg geht, kann die Sorge um gute Noten erheblichen Stress auslösen – sogar schon in der Grundschule. Laut der aktuellen, unter anderem vom Deutschen Kinderschutzbund in Auftrag gegebenen »Elefanten-Kinderstudie« klagt ein Drittel der Sieben- bis Neunjährigen über Schulstress. Im dritten Schuljahr empfinden doppelt so viele Kinder Stress wie im Schuljahr davor – ab dem Zeitpunkt also, wenn systematisch mit Ziffernnoten beurteilt wird. Weitere innerschulische Stressfaktoren sind beispielsweise große Klassen, zu viel Unruhe im Unterricht, Bewegungsmangel, häufiger Lehrerwechsel und Unterrichtsausfall, schlechte Lehrer-Schüler-Beziehungen, zu viele Hausaufgaben oder Häufung von Klassenarbeiten.

Diese Faktoren können allerdings durch familiäre Einflüsse noch verstärkt werden. So erzählt die zehnjährige Miray, ihre Mutter habe als Kind niemanden gehabt, der ihr bei den Hausaufgaben half. Dafür kümmere sich ihre Mutter heute täglich um ihre Hausaufgaben – was ihr tierischen Stress mache.

Dazu muss man wissen: Elterliche Anforderungen sind oft viel höher als die der Schule. Ständiges Kritisieren und Verbessern kann aber als Stress das Lernen blockieren und damit das Gegenteil dessen bewirken, was Eltern sich eigentlich wünschen.

Zu viele Termine und zu viel Medienkonsum verstärken oft noch den Stress. Dabei brauchen Kinder Bewegung, gesunde Ernährung, guten und ausreichend langen Schlaf sowie genügend Freizeit, um belastbar zu sein. Stress bereitet Schulkindern oft auch ihre schlechte Arbeitsplanung sowie fehlende Regelmäßigkeit bei Hausaufgaben und Lernen. Hier ist elterliche Unterstützung angesagt, denn die Gewöhnung an regelmäßige Arbeitszeiten und einen festen Arbeitsplatz entlastet Kinder. Der Hauptunterschied zwischen erfolgreichen und weniger erfolgreichen Schülern liegt meist in der Regelmäßigkeit ihres Lernens. Und wenn Kinder nicht über genügend Selbstdisziplin verfügen, um z. B. ohne Handy Hausaufgaben zu erledigen, brauchen sie konsequente Eltern. Das führt letztlich zu zügigerem Arbeiten und einem Gewinn an freier (Spiel-)Zeit.

HILFREICHE TIPPS GEGEN BLOCKADEN UND STRESS

Erfolgreiches Lernen ist möglich, wenn zwischen konzentrierten Arbeits- und bewegten Entspannungsphasen abgewechselt wird. Alle fünf bis zehn Minuten eine Minipause von einer Minute einzulegen, sorgt für zügigeres und aufmerksameres Arbeiten. In dieser Minipause darf das Kind alles tun, was den Kreislauf anregt: Gymnastik, mit einem Ball spielen, jonglieren oder hüpfen. Bewegung und gelegentliches Lachen verhindern nachweislich die Entstehung von Lernblockaden und Stress.

Gegen Stress bei Klassenarbeiten hilft es, immer wieder die Sitzhaltung zu verändern: Wer auf der Stuhlkante sitzt, baut Körperspannung und Konzentration auf. Zwischendurch darf man sich hinten anlehnen und dann wieder vorbeugen und den Kopf in die Hand stützen. In dieser Denkerpose liegt die Hand über den beiden »Stresspunkten« auf der Stirn, jeweils zwei Finger breit über der Mitte der Augenbrauen. Die Wärme und der leichte Druck der Hand entspannen das Frontalhirn.

Klagt ein Kind, es habe »ein Brett vor dem Kopf«, hilft folgende Übung: »Falte deine Hände. Ist der Daumen der rechten oder der linken Hand oben? Falte die Hände auf, aber halte die Handflächen aneinander. Verdrehe nun die Handflächen so, dass der andere Daumen oben liegt, und falte die Hände erneut. Das fühlt sich total ungewohnt an. Knete die gefalteten Finger drei Mal. Falte sie nun zwanzig Mal hin und her und knete sie bei jedem Falten drei Mal. Wenn du damit fertig bist, kannst du entspannt weiterarbeiten.«

Zum Schluss ein Tipp des antiken römischen Dichters Ovid, der auch Eltern guttut: »Nimm dir Zeit; ein Acker, der ausruhen konnte, liefert eine prächtige Ernte.«

Lesetipp: Humane Schule, Heft Mai 2014 (Thema: »Druck in der Schule«), 5 Euro
Bestellungen unter: ahs@aktion-humane-schule.de

Schulwechsel & Co.

Grundschüler unter Druck

Schon in der dritten Klasse machen sich viele Kinder Sorgen, ob sie den Sprung aufs Gymnasium schaffen. Das gegliederte Schulsystem schürt Konkurrenz und macht Kinder krank

»Halt, du hast deine Frühstücksbox vergessen!«, ruft Petra Klein ihrem Frederik nach. Lustlos dreht Freddie, wie ihn seine Kameraden nennen, sich um und greift nach der Brotdose, die seine Mutter mit einem fantasievoll belegten Brötchen und etwas Obst und Rohkost gefüllt hat. »Ich hab eh keinen Hunger«, sagt der Viertklässler und trottet mit hängendem Kopf in Richtung Schule davon. »Solch ein Pausenfrühstück hätte ich früher auch gerne gehabt«, sage ich zu Petra Klein. »Ja«, meint sie, »aber wahrscheinlich bringt er es unberührt wieder mit nach Hause – wie fast immer in letzter Zeit.«

Drinnen erzählt mir die alleinerziehende Mutter bei einer Tasse Kaffee, weshalb sie mich als Schulberater um Rat fragt. Freddie hat vor zwei Wochen seine Bildungsempfehlung für die weiterführende Schule erhalten: Haupt- oder Sekundarschule, mit Einschränkung Realschule. Das ist zwar in Nordrhein-Westfalen nicht bindend, aber sie möchte sich eigentlich schon daran halten, zumal Freddie offensichtlich keine Lust mehr hat zu kämpfen.

Vor der Bildungsempfehlung hatte er noch Ehrgeiz gezeigt. Er wollte unbedingt mit seinem besten Freund, der die Empfehlung sicher hatte, aufs Gymnasium gehen. Aber Freddie tut sich schwer mit dem Lernen. Immer wieder stand unter seinen Klassenarbeiten die Bemerkung: »Du musst mehr üben!« Dabei übte er viel, dafür sorgte schon seine Mutter. Oft genug gab es deswegen Streit, bis hin zu fliegenden Mäppchen, Türenknallen und Tränen – auf beiden Seiten. Ein Knackpunkt war für Freddie die Erfahrung mit VerA, den Vergleichsarbeiten im dritten Schuljahr. Er, der vor allem im Rechnen seine Stärke sah, kam mit den so andersartigen Aufgaben gar nicht zurecht. Deswegen erhielt er im Versetzungszeugnis nur eine Drei. Wenn in NRW ein Drittklässler zwischen zwei Noten steht, kann sein Lehrer diese besondere Arbeit zur Entscheidung heranziehen. Die Vergleichsarbeit in Mathematik prüft nicht nur im Unterricht Gelerntes ab, sondern auch die Denk- und Problemlösefähigkeit bei unbekannten Aufgabenstellungen. Seit diesem Misserfolg traut Freddie sich nichts mehr zu und sagt häufig Sätze wie »Das schaffe ich sowieso nicht«.

PISA-SIEGER SORTIEREN KINDER NICHT AUS

Freddie ist entmutigt. So wie ihm geht es Tausenden von Kindern in Deutschland. Der Übertritts-Stress hat mittlerweile ein für die Gesundheit unserer Kinder besorgniserregendes Ausmaß erreicht. Untersuchungen wie die Schulstress-Studie der Leuphana-Universität Lüneburg von 2010 belegen, dass Schulkinder in allen Altersstufen generell überaus stark unter Stresssymptomen leiden: Einschlafprobleme, Gereiztheit, Kopf- und Rückenschmerzen, Niedergeschlagenheit, Nervosität, Schwindelgefühle, Bauchschmerzen. Und: Jedes zweite Schulkind hat Prüfungsangst!

In anderen Ländern der westlichen Welt gibt es das weniger, denn außer in Österreich und einigen Kantonen der Schweiz findet die Aufteilung auf weiterführende Schulen erst viel später statt. Die meisten Staaten haben ohnehin Gesamtschulen. Noten gibt es überwiegend erst ab Klassenstufe 8 oder 9. Den-

noch schneiden diese Länder in den internationalen Vergleichs-
studien wie PISA mehrheitlich besser ab als Deutschland.

Mit Vernunftgründen ist es nicht mehr zu erklären, warum
wir in Deutschland immer noch ein selektives Schulsystem ha-
ben und daran glauben, dass das Aufteilen auf verschiedene
Schularten nach dem vierten Schuljahr leistungsförderlich sei.
Das Gegenteil ist der Fall. Da in Deutschland traditionell das
Gymnasium zur Hochschulreife führt, hoffen fast alle Eltern auf
eine Gymnasiallaufbahn für ihr Kind und denken einerseits, alle
Kinder sollen Abitur machen können. Andererseits haben sie
Angst, dass andere ihrem Kind den Platz streitig machen. Diese
Konkurrenz bekommen Kinder spätestens in der dritten Klasse
mit, und das führt zu Stress und Druck auf Kosten der Lebens-
und Lernfreude.

Wie die Studie »Was wissen wir über Nachhilfe?« des Ber-
liner Forschungsinstituts für Bildungs- und Sozialökonomie
(FiBS) aus dem Jahr 2008 zeigte, meldeten damals bereits in der
Grundschule etwa 10 Prozent der Eltern ihre Kinder zur Nachhilfe an. Hauptgrund dafür war und ist heute noch der Wunsch,
die Übertrittschancen zu verbessern. Ein Drittel aller Nachhilfe-
schüler steht im Nachhilfefach auf einer Drei oder besser. Weil
Noten die Rangfolge der Schülerleistungen in einer Klasse festlegen, muss man Mitschüler überflügeln, um besser zu sein. Dieser ständige Vergleich mit anderen forciert die Konkurrenz und
ist das Gegenteil von dem, was Pestalozzi vor rund 200 Jahren
forderte: »Vergleiche nie ein Kind mit einem anderen, sondern
immer nur mit sich selbst.«

Der Vergleich mit sich selbst zeigt jedem Kind seine Fortschritte, denn alle Kinder lernen ständig dazu. So entwickeln sie
Selbstbewusstsein und Erfolgszuversicht. Ein motiviertes Kind
weiß aus Erfahrung: »Wenn ich mir Mühe gebe, dann schaffe
ich das.« Der ständige Vergleich mit den anderen aber entmutigt
jene, die nicht stets die Besseren sind, denn ihr Hinzulernen

zählt nicht viel, weil andere immer mehr und schneller lernen. Sie machen die Erfahrung: »Wie viel Mühe ich mir auch gebe, ich bin eh nie gut genug.« Und der Hirnforscher Gerald Hüther warnt: »Es geht weniger darum, mit Hilfe von Förderprogrammen Kindern immer schneller immer mehr Wissen beizubringen. Was wir brauchen, sind Programme, die verhindern, dass Kinder irgendwann die Lust am Lernen verlieren.«

DER DURCHSCHNITT IST NUR EINE RECHENGRÖSSE

Sobald ein Kind eingeschult ist, beobachten Eltern, ob es mit den anderen Schritt hält. Falls nicht, wird es durch die Diagnostikmühle gedreht oder erhält mindestens Ergotherapie. Selbstverständlich brauchen Kinder mit Lernschwierigkeiten spezielle Hilfestellungen. Aber zunächst einmal ist es völlig unbedenklich, wenn Kinder unterschiedlich schnell lernen und auf verschiedene Weise zum Erfolg kommen. Abweichungen vom Durchschnitt sind bei uns Menschen der Normalfall – der Durchschnitt ist schließlich nur ein künstlicher Rechenwert. Je früher wir allerdings Kindern vermitteln, dass sie nicht in der Norm liegen und deshalb besonderer Maßnahmen bedürfen, desto eher beschädigen wir ihr Selbstwertgefühl und ihre Motivation. Das dritte und vor allem vierte Schuljahr sind diesbezüglich besonders anfällig, weil es dann um den Übertritt geht. Trotz aller Unterschiede in ihrer Herkunft und Entwicklung werden sie alle am gleichen Maßstab gemessen und erhalten auf dieser Grundlage eine Empfehlung für eine weiterführende Schule – absurd! Zudem bedeutet dieser Zustand enormen Stress für Grundschulkinder, die doch alle auf die bestmögliche Schule wollen. Individuelle Förderung ist nicht vereinbar mit dem Sortieren auf verschiedenwertige Schularten.

Außerdem ist diese Praxis überholt: Dank der Behindertenrechtskonvention der Vereinten Nationen (BRK), die in Deutschland seit März 2009 gilt, befindet sich unser Schulsystem im Umbruch. Immerhin gibt es in den meisten Bundesländern mittlerweile ein zweigliedriges System weiterführender Schulen. Doch die BRK verlangt mehr, nämlich dass alle Kinder ungehinderten Zugang zur Bildung für alle bekommen. Eine solche inklusive Schule ist etwas anderes als die bisher betriebene Integration: Sie kennt nicht mehr die Unterscheidung zwischen »normal« und »förderbedürftig« und geht davon aus, dass jede Lerngruppe eine Vielfalt von Begabungen vereint. Sie fragt auch nicht mehr, ob eine Schule für ein Kind geeignet ist oder nicht, sondern danach, was die Schule zu tun hat, um für das Kind geeignet zu sein. Die inklusive Schule beweist den Kindern nicht mehr, dass sie eventuell nicht hierhergehören, sondern fühlt sich verantwortlich für ihr Vorankommen. Sie hat bei Bedarf für förderpädagogische oder psychologische Unterstützung zu sorgen. Um Lernen zu fördern, braucht man hier keine Noten, ständige Prüfungen und vor allem kein Übertrittsverfahren. Jedes Kind wird seinen Bedürfnissen gemäß unterstützt und hat Zeit, seine Begabungen zu entfalten.

Dass das funktioniert, machen uns Länder vor, die ihre Bildungsreform bereits hinter sich haben. Dürfen auch wir das dreigliedrige Schulsystem aufgeben? Ja, denn es geht auch darum, dass möglichst viele Kinder die Hochschulreife erlangen. Hier sind beispielsweise die Finnen und Schweden doppelt so erfolgreich wie wir – ohne Gymnasium. Und sie schaffen es besser, den Einfluss des sozialen Hintergrundes von Kindern auf ihren Schulerfolg auszugleichen.

Sieben Tipps gegen den Übertrittsstress

1. Machen Sie sich bewusst: Ein Kind über seine Kräfte hinaus zu fördern hilft ihm nicht, sondern zerstört Lernfreude und Motivation. Mehr als den Schulunterricht und eine Stunde häuslichen Lernens darf man Grundschulkindern nicht zumuten, will man ihre Gesundheit schützen.

2. Auch wenn wir noch keine inklusive Schule für alle haben: Die Anschlussmöglichkeiten für eine Fortsetzung der Schullaufbahn nach Haupt- oder Realschule bis zur Hochschulreife sind in Deutschland gut ausgebaut. Besser spät gezündet als früh ausgebrannt …

3. Das beste Mittel gegen Stress ist Bewegung. Kinder brauchen viel Sport und Spiel, zwei Stunden am Tag sind Minimum. Das wirkt sich außerdem positiv auf die geistige Fitness, auf Ausdauer und Konzentration beim Lernen aus. Also lieber Fußballpflicht statt Fußballverbot bei schlechten Noten!

4. »Kinder und Uhren darf man nicht nur aufziehen, man muss sie auch mal gehen lassen« (Jean Paul). Kinder brauchen Trödel- und Träumzeiten. Chillen und Abhängen fördern Fantasie und Kreativität. Wer arbeitet, muss sich auch erholen können. Haben Sie mal die Wochenarbeitszeit Ihres Kindes ausgerechnet?

5. Gesunde Ernährung und begrenzter Bildschirmkonsum unterstützen die Leistungsfähigkeit des Gehirns. Fernsehen unmittelbar nach dem Einmaleins-Training löscht das Gelernte größtenteils wieder. Vitamin-, mineral- und ballaststoffreiche Ernährung fördert die Ausdauer.

6. Ausreichend Schlaf ist wichtig für Wohlbefinden und Leistungsfähigkeit. Schlafstörungen treten bei rund 20 Prozent aller
Grundschulkinder auf. Hauptursache: Fernsehen vor dem Einschlafen.

7. Ein aktives Familienleben, beispielsweise mit gemeinsamen
Mahlzeiten, Ausflügen und einem Spieleabend pro Woche, stärkt
das Gefühl des Kindes, liebevoll eingebunden zu sein, und bietet
ihm reichlich Gelegenheit zum Reden – die beste Möglichkeit
zum Verarbeiten von Stress.

Besser lernen in schönen Räumen

Oft unterschätzt: Neben Lehrern und Mitschülern beeinflusst die räumliche Umgebung das Lernen und Wohlbefinden der Kinder ungemein

Die Formulierung »Der Klassenraum ist der dritte Erzieher« stammt von dem italienischen Pädagogen Loris Malaguzzi, dem Begründer der Reggio-Pädagogik. Damit wollte er die besondere erzieherische Bedeutung des Klassenraums – neben dem Lehrer und den anderen Kindern – für das Lernen bewusst machen. »Ob in der Schule gut gelernt wird, hängt maßgeblich von den Räumen ab«, sagt auch Joachim Kahlert, Professor für Grundschulpädagogik an der Ludwig-Maximilians-Universität München.

Was ist es nun genau, was unsere Kinder beeinflusst? Ganz offensichtlich sind das zunächst einmal die Farben. Nützliche Hinweise für die Gestaltung der Lernumgebung gibt uns die Farbpsychologie. Demnach eignen sich Vanille- und Ockertöne für Klassenräume besonders gut. Sie wirken lernauffordernd, weil sie Heiterkeit und Wärme vermitteln. Himmelblau lässt den Raum größer erscheinen und weckt die Kreativität, denn wir verbinden mit dieser Farbe Harmonie und Stille. Rot-Orange darf man nicht großflächig im Raum einsetzen, weil es Dynamik und Lebhaftigkeit symbolisiert, was Kinder mehr aktivieren könnte, als der Lehrerin lieb ist. Als kleine Fläche hinter ihrem Pult dagegen verschafft es ihr mehr Aufmerksamkeit seitens der Klasse.

FARBEN UND DIE AKUSTIK HABEN GROSSEN EINFLUSS

Bestimmte Farben in bestimmten Ecken des Raumes können also bestimmte Wirkungen erzeugen. Dazu muss man nicht unbedingt den ganzen Raum streichen, sondern kann große Holzrahmen mit Stoff bespannen und diesen entsprechend einfärben. Anschließend werden die Rahmen an den Wänden des Klassenzimmers befestigt. So lassen sich die Farben im Raum flexibel einsetzen und bei Umzug der Klasse sogar mitnehmen.

Gleichzeitig wirkt der Stoff lärmreduzierend. Und wo es allgemein leiser zugeht, können sich die Kinder auch in einer deutlich geringeren Lautstärke verständigen. Ein schallgedämmtes Klassenzimmer hat also positive Auswirkungen auf das Sozialverhalten der Kinder – was ein entsprechender Forschungsbericht der Bundesanstalt für Arbeitsschutz und Arbeitsmedizin (BAuA) aus dem Jahr 2004 nahelegt.

Neben der Farbgestaltung und Akustik spielt im Hinblick auf die Lernatmosphäre auch die Einrichtung der Klassenräume eine große Rolle. Viele Grundschulen haben daher in ihren Klassenzimmern Funktionsecken eingerichtet: Leseecke, Computerecke, Mathematikbereich, Experimentiertisch, Ruheecke usw.

In der Montessori-Pädagogik spielt die »vorbereitete Umgebung« eine große Rolle, indem sie die Kinder zum Lernen und Arbeiten anregt. Gleichzeitig werden die Schüler angehalten, die benutzten Materialien und Räume so zu hinterlassen, wie sie sie vorgefunden haben.

An der Hauptschule Löhne-West ist es beispielsweise erklärtes Ziel, dass die Schülerinnen und Schüler lernen, Verantwortung für die Gestaltung und Ordnung der Räume zu übernehmen. Deswegen prämiert dort jedes Jahr eine Jury der Schülervertretung den schönsten Klassenraum.

HUMANE ARCHITEKTUR BEZIEHT ALLE BETEILIGTEN EIN

Der Gedanke, die Schülerinnen und Schüler an der Gestaltung ihrer Klassenräume zu beteiligen, geht also weit über das Aufhängen mitgebrachter Tierfotos oder Starporträts hinaus. Vielmehr steht das Schaffen »wohnlicher Lernwerkstätten« im Mittelpunkt. Diese regelmäßig aufzuräumen erzieht nicht nur zur Ordnung. Die Beteiligung der Schüler an der Gestaltung ihres Klassenzimmers fördert auch den pfleglichen Umgang mit dem Inventar und wirkt aggressionsmindernd.

Die Gestaltung von Klassenräumen ist eine naheliegende Möglichkeit, die Lernumgebung unserer Kinder zu optimieren. Bei Neu- und Umbauten lässt sich jedoch bereits über die Architektur die Basis für lernanregende und das Wohlbefinden stärkende Gebäude und Räume legen.

In Nordrhein-Westfalen wurde im September 2013 zum zweiten Mal der Schulbaupreis unter dem Motto »In guten Schulgebäuden lernt man besser« verliehen. »Die prämierten Schulbauten orientieren sich an den Bedürfnissen der Schülerinnen und Schüler und tragen dazu bei, ein Umfeld zu schaffen, in dem alle gerne und besser lernen und lehren können«, erläuterte Kultusministerin Sylvia Löhrmann den Sinn des Wettbewerbs.

Humane Schularchitektur berücksichtigt pädagogische, ästhetische, funktionale und ökonomische Aspekte gleichermaßen und bezieht Schüler und Lehrer in die Planung ein. Diesen Gedanken sollten Eltern und Lehrer gemeinsam den Schulträgern vor Ort immer wieder ins Bewusstsein rufen, wenn Schulen erweitert, um- oder neu gebaut werden.

Ganztagsschule – auch für mein Kind?

Ganztagsschulen sind außerhalb Deutschlands der Normalfall. Warum das so ist – und worauf es beim ganztägigen Lernen wirklich ankommt

Die achtjährige Kerstin kommt in der Regel gegen 16 Uhr von der Schule nach Hause, weil der Unterricht an drei Tagen der Woche um 15.45 Uhr endet. Nur montags und freitags hat sie schon um 12.40 Uhr Schluss. Sie besucht den Ganztagszug einer Grundschule in Köln. Der gleichaltrige Elias dagegen geht in den Halbtagszug und ist jeden Nachmittag zu Hause. Hat er es besser als Kerstin?

DIE GANZTAGSSCHULE IST IM AUSLAND WEIT VERBREITET

Im Unterschied zu Deutschland hat die Ganztagsschule in vielen anderen Staaten Tradition. Frankreich beispielsweise führte sie bereits 1880 ein. Hier können schon Dreijährige die gebührenfreie ganztägige Vorschule (école maternelle) besuchen – was etwa 90 Prozent von ihnen tun. Mit sechs Jahren wechseln sie auf die Grundschule und danach auf die obligatorische Gesamtschule. Der Unterrichtstag dauert von 8.30 bis 16.30 Uhr; zusätzlich wird in Vor- und Grundschule eine weitere Betreuungszeit angeboten.

Auch in den USA, Großbritannien und den skandinavischen Ländern ist die Ganztagsschule so normal, dass es gar kein eigenes Wort dafür gibt: Schule ist dort selbstverständlich eine ganztägige Veranstaltung. Deswegen haben berufstätige Eltern kein Problem damit, Arbeit und Kinder unter einen Hut zu bringen. Doch das ist nur die eine Seite der Medaille. Auf der anderen stehen die Fragen nach den Auswirkungen auf die Kinder und der Qualität des Familienlebens.

ZWEI GRUNDFORMEN: OFFEN ODER GEBUNDEN

Dabei müssen wir in Deutschland zwischen zwei Formen unterscheiden. Wenn gelegentlich mit Stolz darauf verwiesen wird, dass inzwischen jede zweite Schule bei uns den Ganztag anbietet, muss man wissen, dass die meisten davon sogenannte offene Ganztagsschulen sind. Sie machen zusätzlich zum normalen Vormittagsunterricht ein ergänzendes freiwilliges Nachmittagsangebot, an dem nur jene Kinder teilnehmen, deren Eltern sie dafür angemeldet haben. Für sie gibt es auch ein Mittagessen in der Schule. Nachmittags finden Hausaufgabenbetreuung sowie handwerkliche, sportliche und musische Arbeitsgemeinschaften statt. Im Grunde handelt es sich also um Schule plus Betreuung, die in manchen Bundesländern durch Horte geleistet wird. Lehrerinnen und Lehrer wirken nur zu einem geringen Teil am Nachmittag mit. Stattdessen leisten Erzieherinnen die Hauptarbeit, gelegentlich ergänzt durch Ehrenamtler aus Sport- und Musikvereinen oder Honorarkräfte für bestimmte Angebote.

Kerstin jedoch ist Schülerin im gebundenen Ganztag. Er bietet den Vorteil, dass die Zeit vom ersten Klingeln bis zum Unterrichtsschluss ganz anders aufgeteilt werden kann. Diese »Rhythmisierung« ermöglicht auch musisch-kreative Phasen am Vormittag und Fachunterricht am Nachmittag. Wenn beide Teile des Schultags aus einem Guss sind, können auch die Räume anders genutzt werden. So hat Kerstins Klasse nicht nur einen zusätzlichen Gruppenraum, sondern teilt sich mit einer weiteren Klasse auch noch ein Spielzimmer. Außerdem gibt es eine schuleigene Bücherei mit Leseecken, sodass sich Kinder bei Bedarf und unter Aufsicht dorthin zurückziehen können, wenn sie für sich sein wollen.

KRITERIEN FÜR EINE GUTE GANZTAGSSCHULE

Eine gute Ganztagsschule ist den ganzen Tag gut, eine schlechte den ganzen Tag schlecht. Letzteres ist die Sorge vieler Eltern, die ihren Kindern gerne ein Plus an Anregungen bieten möchten, ohne sie zu überlasten. Kerstins Eltern müssen sich deswegen jedoch keine Gedanken machen:

- Ihre Schule nutzt die Möglichkeiten des Ganztags, um die individuelle Förderung der Kinder im Rahmen der zeitlichen Möglichkeiten flexibel zu organisieren. Es gibt offene Unterrichtsformen wie Wochenplan- und Freiarbeit. Lehrkräfte sind mehr Berater als Belehrer.

- Immer hat Kerstin einen erwachsenen Ansprechpartner – ob es ums Lernen oder um ein persönliches Anliegen geht.

- Neben dem Unterricht kann sie handwerkliche, musische oder sportliche Fähigkeiten erwerben.

- Die demokratische Mitbestimmung der Kinder wird über den wöchentlich tagenden Klassenrat gesichert.

- Elternarbeit schreibt man hier ganz groß, denn gerade im Ganztagsschulbetrieb ist es für beide Seiten wichtig zu wissen, was im jeweils anderen Bereich bedeutsam ist.

Elias im Halbtagszug ist manchmal richtig neidisch auf Kerstin und die anderen Kinder, denn sie machen mehr Unterrichtsprojekte und Ausflüge. Vor allem aber haben sie nicht solch einen Stress mit den Hausaufgaben wie er. Nur selten müssen sie zu Hause noch lernen oder üben, während er das jeden Tag tun muss. Oft gibt es deswegen sogar Ärger mit den Eltern. Kerstins Eltern hingegen können das Schulleben ihrer Tochter sehr entspannt begleiten. Sie freuen sich, dass das Mädchen viel unter Kindern verschiedenen Alters ist, jede Menge Anregungen bekommt und deutlich weniger Zeit mit Fernsehen und Computer verbringt als andere.

Praktiker im Ganztagsschulbereich und Wissenschaftler sind sich gleichermaßen einig, dass die gebundene Ganztagsschule positive Effekte für alle hat: Neben der erfolgreicheren Förderung speziell sozial benachteiligter Kinder wirkt sie sich grundsätzlich positiv auf die Persönlichkeitsentwicklung und das Sozialverhalten aus. Sie ist nicht nur Lernort, sondern ein kindgerechter Lebensraum, in dem außer dem schulischen Stoff ganz nebenbei auch Teamfähigkeit, Rücksichtnahme, Selbstsicherheit, Verantwortungsbewusstsein, fairer Interessenausgleich, Konfliktkompetenz und vieles mehr gelernt wird – Eigenschaften von zunehmender Bedeutung für das private wie auch das berufliche Leben. All das geht nur im Miteinander von Kindern in einem pädagogisch gestalteten Umfeld mit mehr Zeit.

Internet-Tipp: www.ganztaegig-lernen.de

Wer Fehler macht, kommt weiter

Irrtümer, Umwege, Zufälle und Fehler sind für den Fortschritt und das Lernen unerlässlich. Ein Plädoyer für den Lapsus – und für die Etablierung einer neuen Fehlerkultur in allen Schularten

Der Volksmund weiß: »Aus Fehlern wird man klug.« Doch wenn unser Kind einen Fehler in seinen Hausaufgaben macht, wollen wir ihn auf keinen Fall stehen lassen. Er könnte sich einprägen, fürchten wir, und außerdem: »Was soll denn der Lehrer denken?«

Aus meiner Beratungstätigkeit weiß ich, dass rund 40 Prozent der Grundschuleltern gelegentlich oder regelmäßig Teile der Hausaufgaben ihres Kindes überarbeiten oder neu anfertigen lassen. Aber: Führt das auch zu besseren Leistungen? Es führt auf jeden Fall zu mehr Angst vor Fehlern – und diese Angst ist dem Lernerfolg sehr abträglich.

Von dem berühmten Erfinder Thomas Edison wird berichtet, er habe 700 Versuche gebraucht, bis die von ihm entwickelte Glühbirne funktionierte. Von einem Reporter auf seine vielen Fehlversuche angesprochen, antwortete er: »Ich habe nicht einen einzigen Fehler gemacht, sondern 700 Arten entdeckt, wie es nicht geht. Ich wusste, wenn ich die eliminiert habe, würde ich schließlich Erfolg haben.«

Menschliches Lernen besteht überwiegend aus dem Machen von Fehlern und ihrer anschließenden Überwindung. So lernen Kinder das Laufen, Sprechen, Bauen und noch viel mehr.

Das Wort FEHLER besteht aus sechs Buchstaben, die man auch anders kombinieren kann, sodass HELFER daraus wird. Dieses kleine Sprachspiel verdeutlicht, was die Lernpsychologie uns schon lange lehrt: Fehler sind nicht nur normal (»Jeder macht mal Fehler«, »Nobody is perfect«), sondern sie sind auch Helfer und eine unverzichtbare Voraussetzung für erfolgreiche Lernprozesse.

ANGST IST EIN ABSOLUTER LERNKILLER

Würde man immer auf Nummer sicher gehen und ausschließlich Bewährtes nachahmen, gäbe es keinen Fortschritt. Alle Erfindungen der Menschheit beruhen auf Zufällen, Umwegen oder Irrtümern. Wer das Risiko eines Fehlers vermeidet, verpasst die Chance auf Lernzuwachs.

»Ich glaube nicht daran, dass die Angst vorm Verlieren dich eher zum Sieger macht als die Lust auf Gewinnen«, sagt ein bekannter Fußballtrainer in einem Werbespot. Und in der Tat: Mit Angsthasenfußball lässt sich kaum gewinnen. Mutig nach vorne zu spielen birgt zwar immer das Risiko eines Konters, bietet aber eine größere Chance auf Erfolg – und macht mehr Spaß.

Nun ist Lernen kein Fußballmatch, aber wo die Parallele liegt, lässt sich an Kleinkindern gut beobachten: So lange sie noch keine Angst haben, sind sie ungeheuer entdeckungslustig und experimentierfreudig. Sogar die Warnung vor der heißen Herdplatte wird erst dann zuverlässig befolgt, wenn das Kind sich einmal daran verbrannt hat. Die Suche nach eigenen Erfahrungen und die Lust, alles anzufassen, ermöglichen es unseren Kindern, die Welt immer besser zu verstehen. Denn: Vor dem Be-Greifen kommt das Greifen.

»Selber tun macht tüchtig, selber denken macht schlau«, lautet die Maxime menschlichen Lernens. Je besser es Eltern gelingt, ihr Kind alles tun zu lassen, was es selber (ohne ernsthafte Gefahr) tun möchte, desto mehr Erfahrungen macht es. Nur so

lernt es, sich und seine Fähigkeiten bzw. Grenzen realistisch einzuschätzen und ein positives Selbstbild zu entwickeln.

Wenn sich mehr als 95 Prozent der Kinder vor Schuleintritt
darauf freuen, bald lesen, schreiben und rechnen zu können,
dann nicht zuletzt deswegen, weil sie in den sechs Jahren davor
schon erfahren haben, dass das Lernen ihnen neue Fähigkeiten
zuwachsen lässt, mit denen sie besser in der Welt zurechtkom-
men. Leider sind es im vierten Schuljahr nur noch knapp
50 Prozent, die sehr gerne in die Schule gehen. Dann hat die
Angst vor dem Rotstift die Risikobereitschaft der früheren Jahre verdrängt.

Als Eltern können wir etwas gegen die Angst unseres Kindes
vor Fehlern tun, indem wir es zunächst einmal grundsätzlich
beim Richtigen erwischen. Sind im Rechenpäckchen zwei von
zehn Lösungen falsch, können wir feststellen: »Prima, acht Aufgaben sind schon richtig.« Das klingt nicht nur viel angenehmer
als: »Schon wieder zwei Fehler!«, sondern weckt im Kind auch
eher die Bereitschaft, die Fehler zu finden und zu korrigieren.
Wer einen Fehler selbst sucht, findet und verbessert, der hat ein
Aha-Erlebnis – und verknüpft damit einen Erfolg. Und weil er
nun weiß, warum ihm der Fehler unterlaufen ist, wird er ihn
zukünftig auch vermeiden.

So arbeiten im Rechtschreibunterricht viele Lehrer (vor allem in den Grundschulen) nicht mehr mit dem Rotstift, sondern
schreiben mit Grün die richtige Schreibweise neben die falsche.
Jetzt können die Kinder beim Verbessern die grün geschriebenen Wörter im Schülerduden finden und sie sich mit unterschiedlichen Übungen aneignen. Andere Lehrer schreiben unter
die Diktate, wie viel Prozent der Wörter richtig sind. Sich der
100 anzunähern, spornt eben mehr an, als von einer Fehlerquote
niedergedrückt zu werden.

ELTERN UND LEHRER SOLLTEN FEHLERFREUNDLICHER SEIN

Eltern haben an Elternabenden in der Schule eine gute Möglichkeit, gemeinsam mit der Lehrerin an einer positiven Fehlerkultur zu arbeiten, die Kinder anspornt und ihnen Mut macht. »Nur wer nichts tut, macht keine Fehler« – diese Haltung will schließlich keiner unterstützen. An manchen Schulen werden Eltern die Lehrer von mehr Fehlerfreundlichkeit überzeugen müssen, an anderen wird es umgekehrt sein. Wichtig ist sie allemal.

Wie wichtig, macht folgendes Beispiel deutlich: Ein Kind reist zum Schüleraustausch nach Großbritannien. Wird es von diesem Aufenthalt mehr profitieren, wenn es sich dort aus Angst vor Grammatikfehlern schüchtern zurückhält oder wenn es einfach drauflosredet?

Noten sind Nebensache

Mit Noten haben Kinder und Eltern oft ihre liebe Not. Dabei ist deren Aussagekraft höchst umstritten. Tipps für einen gelassenen Umgang mit Leistungsbewertungen aller Art

Im Dezember 2011 berichtete eine Studie der Vodafone-Stiftung, dass Kinder ärmerer Eltern seltener eine Gymnasialempfehlung und häufiger schlechte Noten als andere erhielten – bei teilweise gleichen Leistungen!

Wenig später platzte in diese Diskussion die Nachricht, dass die Grundschulen in Bayern ab 2015 generell die Zwischenzeugnisse der ersten drei Schuljahre durch ein 20- bis 30-minütiges, dokumentiertes Gespräch ersetzen können. Rund 800 Schulen, nach Angaben des Bayerischen Kultusministeriums etwa ein Drittel, nutzten die neuen Möglichkeiten. Diejenigen, die dabei waren, berichteten überwiegend positiv von ihren Erfahrungen, wie man im Internet nachlesen kann. Ein Gespräch statt Noten – wäre das nicht tatsächlich die bessere Lösung?

So sieht das auch manch bekannter Bildungsexperte. Marlis Tepe, Bundesvorsitzende der Gewerkschaft Erziehung und Wissenschaft (GEW), meint beispielsweise, dass im gemeinsamen Unterricht bis Klassenstufe 8 auf Ziffernnoten verzichtet werden sollte. Ähnlich argumentiert Ursula Walther vom Bayerischen Elternverband. Ab Klasse 7 oder 8 brauche man Noten, weil es noch keinen anderen Weg gebe, um Zugangsberechtigungen zu verteilen.

IN VIELEN SCHULEN GIBT ES KEINE ZENSUREN MEHR

Auch der baden-württembergische SPD-Kultusminister Andreas Stoch sieht Vorteile in einer angst- und stressfreien Lernatmosphäre ohne Noten. An Grundschulen im »Ländle« werde derzeit erprobt, wie effizient solch ein schulisches Arbeiten sei. »Und in den 128 Gemeinschaftsschulen wird bereits ohne Notendruck gelernt«, sagt er. Außer in den Abschlussklassen gebe es dort nur Zensuren, wenn die Eltern eine Übersetzung wünschten.

Tatsächlich existiert eine ganze Reihe von Schulen in Deutschland, die zumindest teilweise ohne Zensuren auskommen. Die Gerhart-Hauptmann-Schule im badischen Mannheim gehört dazu, muss allerdings berücksichtigen, dass in der Halbjahresinformation und im Abschlusszeugnis der baden-württembergischen Grundschulen Noten vorgeschrieben sind.

Die ersten drei Schuljahre ohne Noten – das ist auch in Nordrhein-Westfalen möglich. Ganz bewusst hat die Bildungspolitik dort den Schulkonferenzen der Grundschulen die Gelegenheit eröffnet, über die Art der Zeugnisse selbst zu entscheiden. Diese Entscheidung sagt allerdings noch nichts über die Qualität aus. Nur wenn die Leistungsbewertung professionell ausformuliert ist, kann sie individuelle Lernfortschritte treffend beschreiben.

Auch in Schleswig-Holstein gibt es seit Kurzem die Möglichkeit der notenfreien Grundschule – und sehr schnell eine Gegenreaktion: Bei einer NDR-Umfrage im Sommer 2014 hatten sich rund 80 Prozent der Befragten für Noten ausgesprochen.

An weiterführenden Schulen gibt es neben den Waldorfschulen sowie den 128 baden-württembergischen Gemeinschaftsschulen nur wenige, die notenfrei arbeiten. Die bekannteste von ihnen ist die Bielefelder Laborschule.

»Für Arbeitgeber sind Schulnoten inzwischen egal«, titelte *Die Welt* vor zwei Jahren. In ihrem Bericht zeigte die Zeitung auf, wie etwa die Bahn mit Hilfe von Auswahltests statt anhand von Zeugnisnoten ihre Bewerber aussucht. Auch bei der Drogeriemarktkette dm wird Wert auf zwischenmenschliche Fähigkeiten gelegt, dazu auf Interesse und Engagement – was sich nicht einfach am Zeugnis ablesen lässt. Immer mehr Arbeitgeber wählen ihr Personal unabhängig vom Schulzeugnis mit eigenen Verfahren aus.

MIT DEM LERNEN ÄNDERT SICH AUCH DIE BEWERTUNG

So kommt es, dass ständig neue Faktoren in die Leistungsbeurteilung einfließen. Dabei ist seit dem vor mehr als 40 Jahren erschienenen Buch *Die Fragwürdigkeit der Zensurengebung* von Karlheinz Ingenkamp in der Erziehungswissenschaft klar, dass Ziffernnoten ein sehr begrenztes und darüber hinaus fehlerhaftes Mittel der Leistungsbeurteilung darstellen. Und da wir in den Schulen mittlerweile ganz anders lernen als damals, brauchen wir heute erst recht neue Verfahren zur Beurteilung des Lernerfolgs.

Wenn wir Bildung nicht mehr traditionell verstehen, sondern pädagogisch begründet, benötigen wir neben dem fachlich-inhaltlichen auch das handlungsorientierte, soziale und entwicklungsbezogene Lernen. Das kann jedoch erst recht nicht mit allgemeinen Noten, sondern muss individuell bewertet werden. Damit solche Beurteilungen dennoch vergleichbar bleiben, brauchen wir Standards, vom Lehrplan vorgegebene Lernziele sowie diagnostische Instrumente wie beispielsweise Beobachtungsbögen. Darum haben sich die Zeugnisse in den Bundesländern über die Jahre hinweg auch sehr verändert. So gibt es Berichtszeugnisse, Lernentwicklungs- bzw. Lernfortschrittsberichte, Einschätzungen zur Kompetenzentwicklung und verbale, zum Teil vierstufige Informationen. Oft sehen die Zeugnisse sogar innerhalb eines Bundeslandes unterschiedlich aus!

Und wie sollen Eltern mit dieser Situation umgehen? Ganz einfach: Sie sollten das Zeugnis ihres Kindes als persönliche, individuelle Rückmeldung über seine Lern- und Leistungsentwicklung verstehen. Enthält das Zeugnis Zensuren, sollte man die gleichfalls als eine individuelle Einschätzung ansehen – und das Kind keineswegs mit anderen Kindern vergleichen.

Entscheidend sind die Noten ohnehin nur am Ende der Grundschule, wenn es um die Wahl der weiterführenden Schule geht. In den meisten Bundesländern dürfen die Eltern (nach einer Beratung durch die Grundschule) selbst bestimmen, welche Schule das Kind ab Klasse 5 besucht. Lediglich in Bayern, Brandenburg, Sachsen und Thüringen gelten genau definierte Notenschnitte als Zugangsberechtigung zu Realschule oder Gymnasium.

Fazit: So lange es Noten gibt, müssen Kinder und Eltern sie hinnehmen. Viel wichtiger als Zensuren ist jedoch der Erhalt von Wissbegier und Lernfreude.

Wohin nach der Grundschule?

Viele Eltern tun sich schwer mit der Entscheidung, wie es mit ihrem Kind nach der Grundschule weitergehen soll. Ein Blick auf dessen Persönlichkeit ist dabei unerlässlich

Julian ist im dritten Schuljahr. Vorher hatte er noch keine Noten bekommen, aber die ursprünglich mit Bangen erwarteten Zensuren sind bisher allesamt gut ausgefallen. Das ist nicht selbstverständlich, denn das Stillsitzen und ordentliche Erledigen der Hausaufgaben fallen ihm schwer. Bisher gingen Julians Eltern davon aus, dass er nach der Grundschule vermutlich auf die Realschule wechseln würde, doch inzwischen denken sie durchaus an »Höheres«.

Dabei geht es heute gar nicht mehr um »niedrigere« oder »höhere« Schulen, denn nach dem erfolgreichen Besuch einer jeden weiterführenden Bildungseinrichtung gibt es Übergangs- und Anschlussmöglichkeiten. Selbst eine berufliche Ausbildung eröffnet weitere Bildungschancen – bis hin zum Hochschulstudium. Jede weiterführende Schulform hat ihren eigenen Wert, der sich nicht allein nach dem möglichen Abschluss, sondern vor allem nach ihrem pädagogischen Profil richtet. Wichtig ist, ob ein Kind sich dort wohlfühlen und den Anforderungen gerecht werden kann.

Der Übergang von der Grundschule in die Sekundarstufe I – so werden die Jahrgangsstufen 5 bis 10 aller Schultypen genannt – ist zwar eine wichtige, aber nur eine erste Weichenstellung, der während der Bildungslaufbahn eines Kindes weitere folgen werden.

WELCHE WEITERFÜHRENDEN SCHULEN GIBT ES?

Das Bildungswesen ist in den verschiedenen Bundesländern recht unterschiedlich geregelt. Bundesweit geht der Trend allerdings zu einem »Zwei-Säulen-System«:

Neben dem Gymnasium wird als zweite Säule eine Schulform angeboten, die langfristig Haupt- und Realschulen ersetzen könnte. In Baden-Württemberg soll das die Gemeinschaftsschule sein, woanders heißt der neue Schultyp Sekundar- oder Mittelschule. In manchen Bundesländern darf er eine gymnasiale Oberstufe (Sekundarstufe II) beinhalten, die zum Abitur führt. Wo nicht, kann man nach erfolgreichem Abschluss in die Oberstufe eines Gymnasiums wechseln.

Sein besonderes pädagogisches Anliegen ist die individuelle Förderung aller Schüler. In Baden-Württemberg ist er als verpflichtende Ganztagsschule konzipiert, in der die Schüler in Lerngruppen statt in Klassen lernen. Noten müssen hier nicht erteilt werden, aber Eltern können die Übersetzung der Beurteilung in Noten verlangen.

In vielen Bundesländern gibt es außerdem die Gesamtschule. Sie wird nicht zuletzt deswegen gerne gewählt, weil sie in neun statt acht Jahren zum Abitur führt und gleichzeitig alle anderen Abschlüsse anbietet. An integrierten Gesamtschulen gibt es in der Regel kein Sitzenbleiben, sondern unterschiedlich anspruchsvolle Kursniveaus in den Hauptfächern.

KRITERIEN FÜR DIE ÜBERGANGSENTSCHEIDUNG

Ob eine Schule direkt zum Abitur führt oder nicht, sollte für die Übergangsentscheidung nur eine untergeordnete Rolle spielen. Wichtiger ist es zu klären, ob das Kind sich dort wohlfühlen und gerne lernen wird. Folgende Kriterien können Eltern helfen, das herauszufinden:

- Wie viel Nachmittagsunterricht wird in der Schule angeboten?

- Gibt es die Möglichkeit zum Mittagessen?

- Werden Angebote für Hausaufgabenbetreuung oder »Schüler helfen Schülern« gemacht?

- Bietet die Schule Beratung bei Lernproblemen und/oder besondere Fördermaßnahmen an?

- Wie sieht es mit außerunterrichtlichen Aktivitäten sportlicher oder musischer Art aus?

Diese und weitere Fragen lassen sich an einem »Tag der offenen Tür« oder in einem Gespräch mit der Schulleitung klären. Darüber hinaus sind Gespräche mit Schülern und Eltern hilfreich: Wie ist das Klima an der Schule? Wie sieht es mit dem Verhalten der Kinder untereinander aus? Werden Eltern ernst genommen oder beschränkt sich ihre Mitwirkung aufs Kuchenbacken für das Schulfest? Gibt es demokratische Mitwirkungsmöglichkeiten wie Klassenrat oder Schulversammlung?

Solche Informationen brauchen Eltern, um sie anschließend in Bezug auf ihr Kind und die Familiensituation zu bewerten:

- Wenn mein Kind leicht lernt und von sich aus motiviert ist, sind Förder- und Beratungsangebote nicht so ausschlaggebend.

- Eine Ganztagsschule ist zwar prinzipiell sinnvoll – wir aber wollen den Nachmittag lieber für ein intensives Familienleben nutzen.

- Ein langer Schultag mit viel Nachmittagsunterricht plus Hausaufgaben – ist mein Kind dafür robust und ausdauernd genug?

HILFREICH: DER REALISTISCHE BLICK AUFS KIND

Ein besonders wichtiges Persönlichkeitsmerkmal im Hinblick auf Erfolg und Zufriedenheit in der Schule ist die individuelle Frustrationstoleranz. Wenn ein Kind rasch aufgibt, ständig nach Erklärungen fragt, anstatt selbst zu tüfteln, oder sich leicht von Spiel- und Freizeitverlockungen ablenken lässt, kann es seine Begabungen kaum zufriedenstellend in Leistung umsetzen. Ein solches Kind braucht noch einige Jahre zur Reifung seiner Persönlichkeit. Erfolgserlebnisse an einer Schule, die mehr Wert auf die ganzheitliche Entwicklung und weniger auf die Förderung des abstrakten Denkvermögens setzt, kommen ihm entgegen, denn die Frustrationstoleranz wächst mit der Erfahrung der Selbstwirksamkeit deutlich.

Der realistische Blick aufs Kind hilft Eltern, eine verantwortungsvolle Entscheidung über dessen weitere Schullaufbahn zu treffen. Sie sollten sich dabei nicht auf Unterstützungsmaßnahmen wie Nachhilfe verlassen, wenn es in der Schule nicht wie erhofft klappt, denn Nachhilfe zielt eben nicht auf die Persönlichkeitsentwicklung.

»Man kann den Hund nicht zum Jagen tragen«, ist eine alte Försterweisheit – an die man sich hin und wieder erinnern sollte.

Eltern machen Schule

Elternabende sind der – weithin unterschätzte – Klassiker unter den Mitwirkungsmöglichkeiten, die Mütter und Väter in der Schule haben

»O nein, nicht schon wieder!«, stöhnt Rebekka Heim, als sie die Einladung zum Elternabend aus der Schultasche ihrer Tochter fischt. Sie hat noch die erste Sitzung vom Anfang des Schuljahres in Erinnerung – das peinliche Schweigen, als es um Vorschläge zur Wahl von Elternvertretern ging, die vielen Informationen, die ihr den Kopf schwirren ließen, und so manche Äußerung anderer Eltern, über die sie innerlich den Kopf schüttelte. Sie, eine erwachsene Frau und Mutter, berufstätig und mit guter Bildung, hatte Herzklopfen gehabt, als sie sich zu Wort melden wollte! Muss sie da wirklich wieder hin?

Was Rebekka Heim nicht ahnt: Manche Lehrerinnen und Lehrer haben vor Elternabenden die gleichen unguten Gefühle. Auch für sie sind es zusätzliche Termine. Auch sie empfinden die vielen Formalien als lästig. Auch sie haben oftmals Angst vor Kritik oder gar persönlichen Angriffen. In der Lehrerausbildung lernt man nichts über Elternarbeit und Gesprächsführung. Trotzdem sind solche Veranstaltungen sinnvoll und wichtig – und natürlich können sie auch so durchgeführt werden, dass alle Beteiligten sie als hilfreich und bereichernd erleben. »Elternabend« ist übrigens ein zwar gebräuchlicher, aber nur inoffizieller Begriff für Klassenelternversammlungen, der in den Schulgesetzen und Erlassen der Bundesländer nicht vorkommt.

Aber wie auch immer man diese Abende nennt: Gedacht sind sie als ein Instrument der Elternmitwirkung und als Mittel zur Pflege der Erziehungspartnerschaft zwischen Elternhaus und Schule.

STATT ELTERNMITWIRKUNG »ELTERN MIT WIRKUNG«

Im Normalfall laden die Elternvertreter zu dem Treffen ein und legen die Tagesordnung in Absprache mit der Klassenlehrerin fest. Auch die Leitung von Wahlen liegt in der Hand einer dafür benannten Person aus dem Kreis der anwesenden Eltern.

Dabei agieren die Eltern selbstbestimmt und sind an keinerlei Weisungen der Schule gebunden. Natürlich müssen sie dem Klassenlehrer und, bei gegebenem Anlass, auch der Schulleitung die Möglichkeit geben, ihrer Informationspflicht nachzukommen. Ansonsten aber haben es die Eltern selbst in der Hand, den Elternabend inhaltlich und thematisch interessant zu gestalten.

Schule hat heute nichts mehr mit »Obrigkeit« zu tun. Das Schulgesetz von Baden-Württemberg etwa fordert: »Eltern und Lehrer sollen sich in der Klassenpflegschaft gegenseitig beraten sowie Anregungen und Erfahrungen austauschen.« An den mindestens zwei Elternabenden pro Schuljahr sollen der Leistungsstand der Klasse, die Unterrichtsorganisation, Leistungsbewertung, Klassenarbeiten, Hausaufgaben und Ähnliches mehr thematisiert werden. Alles, was es in Bezug auf Unterricht und Schulleben zu besprechen gibt, sollte dabei Platz finden.

Darüber hinaus haben Eltern selbstverständlich das Recht, pädagogische Fragen auf die Tagesordnung zu setzen – vom Umgang mit Medien über Taschengeld bis hin zu Konsequenzen bei Verstößen gegen die Schulordnung. Sie können auch beschließen, Experten einzuladen, zum Beispiel Erziehungs- oder Suchtberater, einen Kinderarzt oder den Beratungslehrer.

Stellt sich heraus, dass die Eltern für ihre Themen einen weiteren Elternabend benötigen, können sie diesen beschließen. Sie haben sogar das Recht, den Lehrerkonferenzen Vorschläge zu machen, und dürfen in vielen Bundesländern durch ihre gewählten Vertreter an den Konferenzen teilnehmen.

Immer wieder haben Eltern auch Anlass zur Kritik an allgemeinen Grundsätzen des Schullebens, beispielsweise an der bestehenden Praxis der Hausaufgaben. Doch wenn beim Elternabend danach gefragt wird, traut sich oft niemand, seine Meinung in Anwesenheit aller Eltern und vielleicht sogar mehrerer Lehrer offen zu äußern. Da hilft es, in einer anderen Form als im Plenum zu diskutieren.

So kann die oder der Vorsitzende der Klassenpflegschaft die Anwesenden bitten, sich in Gruppen von vier bis sechs Personen zusammenzusetzen und zwei Fragen zu besprechen: Was kritisieren wir an der derzeitigen Hausaufgabenpraxis? Welche Wünsche haben wir für eine Verbesserung der Situation? Wenn jede Gruppe zu jeder Frage drei Aussagen auf vorbereitete Zettel (je Aussage ein separater Zettel) schreibt, können diese nach etwa 20 Minuten eingesammelt, thematisch sortiert und an einer Pinnwand angeheftet werden.

Jetzt lassen sich die Kritikpunkte zusammenfassen und sachlich ausformulieren, ohne dass sich eine einzelne Person im Mittelpunkt fühlen muss. Dabei zeigt sich auch, inwieweit die Kritik tatsächlich Mehrheitsmeinung ist.

CHANCE ZUR MITGESTALTUNG DES SCHULLEBENS

Der Klassenlehrer hat nun die Gelegenheit, dazu Stellung zu nehmen und mit den Eltern das weitere Vorgehen zu besprechen – etwa Absprachen mit den Fachlehrern zu treffen oder das Thema in die Gesamtlehrerkonferenz einzubringen.

Sollte das die Eltern nicht zufriedenstellen, haben sie die Möglichkeit, sich an die Schulkonferenz zu wenden. Eltern haben Rechte zur Mitwirkung an der schulischen Erziehungsarbeit – ein Riesenfortschritt gegenüber den Zeiten, als sie nur Weisungsempfänger der Schule waren.

Es wäre schade, solche Chancen auf demokratisches Mitgestalten des Schullebens zu verschenken. In den Schulgesetzen der Bundesländer ist deswegen neben dem Recht auch von der Pflicht zur Mitwirkung an der schulischen Erziehungsarbeit die Rede. Schließlich geht es um das Wohl der Kinder, das zuallererst in der Verantwortung von uns Eltern liegt.

Nachwort

Es war 1999, als die Redaktion der Zeitschrift *spielen und lernen* mich zum ersten Mal mit einem Artikel beauftragte. In unregelmäßigen Abständen folgten weitere Beiträge. 2012 schließlich fragte mich Chefredakteur Stephan Wessolek, ob ich die Rubrik »Ratgeber Schule« mit je einem Text pro Monat übernehmen wollte. Da musste ich nicht lange nachdenken, denn die Zeitschrift gefiel mir nicht nur gut – sie war auch in Fachkreisen beliebt und genoss einen sehr guten Ruf. Dennoch wurde *spielen und lernen* im Sommer 2013 eingestellt.

Doch der »Ratgeber Schule« überlebte zusammen mit anderen Rubriken als Einhefter in *familie&co*, der auflagenstärkeren Schwester aus dem gleichen Verlag. 44 Artikel daraus habe ich nun für *Das 1×1 des Schulerfolgs* zusammenfassen und in überarbeiteter Form der breiten Öffentlichkeit zugänglich machen können. Ein riesengroßes Dankeschön dafür geht an Stephan Wessolek. Seinen inhaltlichen Anregungen sowie seiner redaktionellen Expertise verdanken die Texte manchen fruchtbaren Impuls in Bezug auf sprachliche Klarheit und inhaltliche Präzision.

Ein genauso großer Dank gebührt Carmen Kölz, die als Programmleiterin Sachbuch/Ratgeber bei Beltz dieses Buch erst möglich gemacht hat. Ihre Umtriebigkeit bei der Titelsuche und ihre Begeisterungsfähigkeit haben im Verlag dafür gesorgt, dass *Das 1×1 des Schulerfolgs* nun auch Sie, liebe Leserin, lieber Leser, anregen kann.

Und schließlich habe ich Tarek Münch zu danken, der mir als Verlagslektor mit viel Schwung und praktischen Tipps half, aus 44 Texten ein gut lesbares Buch zu machen.

Den eigentlichen Anstoß für dieses Buch verdanke ich jedoch ganz normalen Eltern – jenen Menschen, die anonymisiert in den Texten vorkommen, sowie vielen weiteren, die mir im Laufe der Jahre begegnet sind. Ihre Kümmernisse und Fragen stehen stellvertretend für die Anliegen zahlloser Ratsuchender, mit denen ich vor allem bei meinen Vortragsveranstaltungen in Kontakt gekommen bin. Ihnen allen ist dieser Band gewidmet.

Köln, im März 2016

Detlef Träbert

Schulerfolg beginnt in der Familie

Ob ein Kind gern in die Schule geht, ob es beherzt an Aufgaben und soziale Herausforderungen herantritt oder nicht, entscheidet sich schon lange vor der Einschulung. Denn das Bildungsschicksal eines Menschen hängt vom Elternhaus ab. Vom ersten Lebenstag an sind Mütter und Väter die wichtigsten Entwicklungshelfer auf dem Bildungsweg ihres Kindes.

Ausgehend von den späteren Herausforderungen führt dieses Elternbuch durch die neun wichtigsten Kernkompetenzen, die ein Kind ein Leben lang brauchen wird, in Schule und Beruf, sozialen Gemeinschaften und persönlichen Beziehungen.
Das erfahrene Autorenteam zeigt, dass es auf die richtige Balance ankommt, um die gestiegenen Erwartungen in Schule und Gesellschaft zu meistern.

Adolf Timm / Klaus Hurrelmann
Stark in die Schule
Was Kinder vor der Einschulung brauchen. 9 Kompetenzen für den Schulerfolg
broschiert, 223 Seiten
ISBN 978-3-407-85993-8

Ampel   OJ851 – 18 3097
         SN   5874414500

Klaus Knips